La révolution ratée du transport ferroviaire au XXIe siècle

Collection « Le temps des ruptures »
dirigée par Le Temps des Ruptures

www.editionsbdl.com
33300 Bordeaux

ISBN : 978-2-38519-088-0

Chloé Petat

La révolution ratée du transport ferroviaire au XXIe siècle

LE BORD DE L'EAU

Introduction

Le ferroviaire est un symbole important des mobilités et de l'innovation humaine, son avènement étant intimement connecté aux grandes révolutions industrielles.

Pourtant, il a aujourd'hui perdu ses lettres de noblesse. Le transport de marchandises et de voyageurs a connu un déclin important ces dernières décennies. En cause, la dégradation du réseau, l'évolution de nos modes de consommation qui ne sont pas adaptés au train, ainsi que l'avènement de la voiture individuelle et du transport routier.

Tout ceci est contre-intuitif : aujourd'hui, dans une perspective de transition écologique nous devons repenser nos modes de déplacements, de consommation et l'aménagement du territoire. Le transport ferroviaire ressort grand gagnant de ces réflexions : alors que le secteur des transports est responsable de 30 % des émissions de gaz à effet de serre, le train n'en émet que près de 1 % au niveau mondial[1]. En effet, les trains roulent

---

1 Rapport de l'Observatoire mondial de l'action climatique, « Ferroviaire, les émissions de gaz à effet de serre : un atout décisif pour le rail ? », 2018 : <https://www.climate-chance.org/cas-etude/les-emissions-de-gaz-a-effet-de-serre-un-atout-decisif-pour-le-rail/>.

majoritairement grâce à l'énergie électrique, bien que le mix énergétique de chaque pays influence le taux d'émissions : lorsque le mix énergétique d'un pays est décarboné, il est réduit.

Nous sommes aujourd'hui face à un défi majeur : comment répondre à l'augmentation de la demande de mobilités, tout en amorçant le virage de la transition écologique ?

Pour y répondre, l'Union européenne a décidé d'adopter plusieurs réglementations, les fameux « paquets ferroviaires », avec pour objectif de rendre de nouveau attractif le secteur ferroviaire. La réforme principale est celle de l'ouverture à la concurrence, à la fois du fret, puis du transport des voyageurs. Nous verrons que la concurrence bien loin d'être la solution miracle, est encouragée artificiellement par la France et l'Union européenne.

Aujourd'hui, la situation française devient extrêmement critique pour le fret, secteur sur lequel l'Union européenne a lancé une enquête pour distorsion aux règles de la libre concurrence. D'éventuelles sanctions et le prochain démantèlement de Fret SNCF annoncé par le gouvernement en 2023, pourraient achever définitivement ce secteur qui connaît de grandes difficultés depuis 2005, date de l'ouverture à la concurrence, malgré plusieurs plans de relance.

Pour le transport de voyageurs, l'ouverture à la concurrence est plus récente mais ne produit déjà pas les effets escomptés. Les autres opérateurs ferroviaires sont frileux à faire rouler des trains et à répondre aux appels d'offres. De plus, les petites lignes du territoire sont complètement délaissées : en effet, elles n'intéressent pas les opérateurs privés puisqu'elles sont déficitaires et restent donc à la charge des collectivités et de la SNCF.

Malgré les objectifs affichés par l'Union européenne sur la réduction des émissions, l'ensemble de ces réformes n'encourage pas la reprise d'activité du train : au contraire, elles sont pénalisantes.

Cette situation n'est pas une fatalité : grâce à des réformes ambitieuses et au rattrapage du sous-investissement chronique en œuvre depuis plusieurs décennies, nous pouvons repenser le train. Il est possible de faire de ce mode de transport un partenaire clé et essentiel de la transition écologique et de la réindustrialisation.

Partie I
Un secteur en constante évolution depuis plusieurs décennies, sous l'impulsion de l'Union européenne

Une brève histoire du transport ferroviaire français

Le train a vu le jour au XVIIe siècle en Angleterre. La première ligne commerciale entre Paris et Saint-Germain-en-Laye, est mise en circulation en 1837[1]. Différentes compagnies françaises vont voir le jour au niveau local et également au niveau national. À cette époque on dénombre 6 compagnies ferroviaires importantes en France, telles que la Compagnie de l'Ouest ou encore la Compagnie du Nord. En 1842, une première loi « relative à l'établissement des grandes lignes de chemin de fer en France » vient encadrer le marché ferroviaire. Elle dispose qu'il revient au gouvernement français de décider du tracé des voies, du schéma ferroviaire et qu'il financera également les différentes infrastructures. C'est à ce moment-là que va apparaître ce que l'on appelle « l'étoile de Legrand » : ce schéma ferroviaire correspond à une étoile centrée sur Paris. Le choix d'un réseau dont le point central est Paris n'est pas étonnant pour l'époque, dans un système encore très

1 François Regniault, *La SNCF pour les Nuls*, First, 2017.

centralisé. Ce choix est toujours palpable aujourd'hui et explique en partie, le fait que de nombreux territoires sont peu desservis.

Ayant à sa charge la création du réseau, l'État concède l'exploitation des lignes aux différentes compagnies existantes tout en les subventionnant. Il ne tardera pas à racheter certaines d'entre elles car elles seront déficitaires ou en faillite. En 1938, la Société nationale des chemins de fer (SNCF) voit le jour : un décret-loi stipule la formation d'un réseau ferroviaire unique et la fusion des différentes compagnies au sein de la SNCF. La durée de vie de cette entreprise au statut semi-public est fixée à 45 ans. L'entreprise est alors détenue à 51 % par la puissance publique.

En 1982 est promulguée la loi d'orientation des transports intérieurs (LOTI). Par cette loi, la SNCF, autrefois une société anonyme devient un établissement public à caractère industriel et commercial (EPIC). Les EPIC sont définis par le Conseil d'État comme « des personnes morales de droit public à vocation spéciale créées par une autre personne publique, en principe, l'État (établissement public national) ou une collectivité locale (établissement public local) ». Ce statut permet de reconnaître le transport ferroviaire comme un service public essentiel. Les entreprises ayant ce statut bénéficient également d'avantages : les biens d'un EPIC sont insaisissables, les procédures de redressement et de liquidation judiciaire sont impossibles. L'entreprise peut également emprunter assez facilement quasiment aux mêmes conditions que la puissance publique. Ce statut reste assez complexe puisqu'il combine à la fois des prérogatives liées au droit public et d'autres liées au droit privé[1] : par exemple, les salariés dépendent du Code du travail et non du code général de la fonction publique. Dans cette loi apparaît également la notion d'autorité organisatrice des transports[2]. Le régulateur, l'Autorité de régulation des transports (ART) définit une autorité organisatrice de transport (ou AOT) comme « une autorité ayant compétence pour l'organisation des transports publics. Il s'agit de l'État pour les liaisons d'intérêt national (les trains d'équilibre du territoire), des régions pour le transport d'intérêt régional ferroviaire, du routier interurbain et du transport scolaire et des communes et des intercommunalités pour les transports urbains. L'AOT peut produire elle-même le service en régie directe ou bien en déléguer l'exploitation à un opérateur via une délégation de service public[3] ». La compétence transport est donc disloquée entre différentes collectivités publiques.

1 *Idem.*

2 Légifrance, 30 décembre 1982 : Loi n° 82-1153 d'orientation des transports intérieurs.

3 Autorité de régulation des transports, 20 juin 2016.

La poursuite d'une politique du « tout TGV » au détriment du reste du réseau et des mobilités du quotidien

À partir des années 1980, la puissance publique va faire le choix de lancer le train à grande vitesse, révolutionnant ainsi les déplacements. Cette politique du « tout-TGV » va vampiriser la majorité des investissements de la SNCF. Les TGV (train à grande vitesse) peuvent emprunter le réseau classique, c'est d'ailleurs le cas pour 40 % d'entre-deux, mais doivent nécessairement rouler plus lentement, à une vitesse inférieure à 220 km/h, au lieu des 320 km/h pour les dernières générations de TGV[1].

Le besoin de pouvoir faire rouler les TGV plus rapidement explique l'investissement de l'État dans un réseau spécifique. Ainsi, avec son réseau TGV/LGV actuel, la France se hisse dans le top 5 des pays mondiaux avec le réseau le plus développé : en 2020, elle occupait la 4e place avec 2700 kilomètres de voies, contre 35000

1 Rapport de la Cour des comptes « La grande vitesse ferroviaire : un modèle porté au-delà de sa pertinence », 23 octobre 2014.

pour la Chine qui dispose du plan grand réseau TGV/LGV.

Les coûts de construction d'un tel réseau ne sont pas dérisoires, du fait des prix des matériaux et la nécessité d'aménager les espaces : quand un kilomètre de voie coûtait 4,8 millions d'euros en 2003, il en coûte 26 millions en 2014[1]. La conséquence est que les investissements pour le TGV ont entraîné un sous-investissement important sur les lignes du réseau classique, engendrant ainsi des détériorations, sans oublier que les TGV ont tendance à se concentrer autour des grandes villes, au détriment des moyennes et petites. De plus, le TGV venant concurrencer les trains de type Intercités et TET, a engendré la fermeture de plusieurs de ces lignes, supprimant ainsi les dessertes de certaines gares régionales.

Ces fermetures ont entraîné un changement de tarification : auparavant, les prix des trains étaient calculés sur le nombre de kilomètres parcourus. Désormais, les tarifs s'ajusteront en fonction de l'offre et de la demande. Le nombre de trains circulant par jour étant limité, plus la demande est forte, plus les prix sont élevés.

Malgré les annonces politiques des années 2010, indiquant la sortie de cette politique du « tout TGV », les investissements massifs perdurent. En 2020, Emmanuel Macron après avoir indiqué que « la décennie 2020 sera la nouvelle décennie du TGV » a annoncé que près de 6,5 milliards d'euros allaient être investis dans les prochaines années sur les liaisons suivantes : Bordeaux-Toulouse,

1 *Idem.*

Marseille-Nice, Montpellier-Perpignan, Paris-Normandie, Roissy-Picardie et le Lyon-Turin[1].

La Cour des comptes[2] dans un rapport de 2014, a émis un avis mitigé sur l'ouverture de nouvelles lignes TGV. Au regard des coûts importants et du fait que cela conduit à délaisser l'entretien du réseau classique, les bénéfices de la construction d'une énième ligne TGV peuvent être questionnés.

1 Public Sénat, « Le TGV fête ses 40 ans, entre fierté et "nécessaire rééquilibrage" avec les petites lignes », 17 septembre 2021 : <https://www.publicsenat.fr/actualites/societe/le-tgv-fete-ses-40-ans-entre-fierte-et-necessaire-reequilibrage-190449>.

2 Cour des comptes, « La grande vitesse ferroviaire : un modèle porté au-delà de sa pertinence », 23 octobre 2014 : <https://www.ccomptes.fr/fr/publications/la-grande-vitesse-ferroviaire-un-modele-porte-au-de-la-de-sa-pertinence>.

L'adoption des paquets ferroviaires européens et l'ouverture à la concurrence

À partir des années 1990-2000, le transport ferroviaire a connu de vrais bouleversements dont l'Union européenne est à l'origine avec l'adoption de différentes réglementations permettant : une ouverture à la concurrence progressive.

Pour pouvoir redonner ses titres de noblesse au transport ferroviaire l'Union européenne a adopté plusieurs réglementations, principalement « paquets ferroviaires européens ». Le premier a été adopté en 2001 et avait pour objectif de préparer l'ouverture à la concurrence du fret ferroviaire européen et d'amorcer la séparation entre l'exploitant, l'entreprise réalisant et opérant les déplacements sur les lignes, activité assurée par SNCF Voyageurs aujourd'hui en France et le gestionnaire de l'infrastructure, l'entreprise en charge de rénover le réseau, de mener et prioriser les travaux, etc. Activité assurée par SNCF Réseau en France, anciennement Réseau ferré de France.

Le deuxième paquet est adopté en 2004 et permet de créer une agence ferroviaire européenne (l'ERA), et a acté l'ouverture à la concurrence du fret ferroviaire, sur laquelle nous reviendrons plus en détail. Le troisième paquet adopté en 2007 ouvre à la concurrence le marché international de voyageurs et rend possible le cabotage[1].

Enfin, c'est le quatrième et dernier paquet ferroviaire adopté en 2016 qui ouvre à la concurrence le dernier pan du secteur : le marché national de voyageurs. Les lignes nationales peuvent désormais être ouvertes à la concurrence de deux manières : en libre accès les lignes nationales non-conventionnées comme les LGV/TGV et par appels d'offres les contrats de service public de transports nationaux comme les TET (trains d'équilibre du territoire) et régionaux comme les TER (trains express régionaux). Chaque société ferroviaire est libre de faire circuler ses trains sur le réseau en adressant une demande au gestionnaire de l'infrastructure, SNCF Réseau. Comme l'indique la SNCF sur son site internet, « tout opérateur peut être autorisé à les opérer sur l'ensemble du territoire, mais en particulier sur les axes les plus rentables tels que : Paris-Lyon, Paris-Lille, Lyon-Marseille, et Paris-Bordeaux[2] ». Le 4e paquet acte la fin des monopoles d'État sur le secteur ferroviaire et la mise en œuvre de la concurrence.

---

1 Il s'agit de la possibilité pour une compagnie ferroviaire de commercialiser des dessertes ferroviaires nationales dans le cadre d'une liaison internationale.

2 Groupe SNCF, « Ouverture à la concurrence, mode d'emploi », 27 février 2024 : <https://www.groupe-sncf.com/fr/groupe/strategie/ouverture-concurrence#:~:text=L%E2%80%99ouverture%20du%20transport%20ferroviaire%20%C3%A0%20la%20concurrence%20en%2010%20dates>.

Dans ce paquet il est également décidé que l'agence ferroviaire européenne est la seule entité qui peut délivrer des autorisations de circulation aux transporteurs pour les activités transfrontalières. Elle peut également certifier le niveau de sécurité des entreprises ferroviaires qui font circuler des liaisons sur le réseau transfrontalier. De plus, le rôle du régulateur ferroviaire européen est renforcé pour permettre à la concurrence de s'installer plus facilement dans les différents États et éviter les résistances éventuelles des gestionnaires d'infrastructure.

Les membres de l'Union européenne ont transposé ces paquets ferroviaires dans leurs cadres réglementaires nationaux. Dès 1997, la France décide conformément aux souhaits européens, de séparer la gestion et l'exploitation ferroviaire. La gestion est assurée par Réseau ferré de France, remplacé par SNCF Réseau depuis et l'exploitation reste à la main de l'entité voyageurs de SNCF anciennement SNCF Mobilités, puis SNCF Voyageurs. Ensuite, la compétence ferroviaire est transférée aux régions qui deviennent des autorités organisatrices des transports du quotidien. Elles récupèrent la gestion des trains express régionaux et des petites lignes sur leurs périmètres géographiques. Ce sont elles qui sont chargées de négocier les conventions avec l'exploitant ferroviaire. Avant l'ouverture le seul exploitant était donc la SNCF : l'exploitant n'est qu'un « prestataire » au service des régions. À noter que les conseils régionaux consacrent en moyenne 17 % de leurs budgets au transport ferroviaire.

La dernière loi d'envergure est celle adoptée en 2018 visant à préparer l'ouverture à la concurrence du transport ferroviaire de voyageurs. La loi pour un nouveau pacte ferroviaire comporte plusieurs mesures clés. Tout d'abord, elle modifie la structure de la SNCF. L'entreprise, autrefois sous le statut d'établissement public à caractère industriel et commercial (EPIC), devient une société anonyme à capitaux publics dont l'unique actionnaire est l'État français. Dans la nouvelle organisation les 3 anciens EPIC deviennent 5 sociétés anonymes, chapeautées par la maison-mère SNCF : SNCF Réseau comprenant la filiale Gare & Connexions, SNCF Voyageurs, Rail Logistics Europe, Geodis et Keolis. La dette de 35 milliards d'euros de la SNCF est également reprise par la puissance publique : cette dernière ne découle pas uniquement des choix faits par l'entreprise, mais aussi des virages stratégiques de l'État. En effet, le développement massif du réseau TGV, souhaité par les précédents gouvernements, a demandé des investissements engendrant une forte hausse de l'endettement.

Enfin, cette loi acte l'ouverture à la concurrence du transport ferroviaire de voyageurs et fixe un calendrier. La concurrence en libre accès est autorisée à partir de 2021 et celle par appels d'offres est autorisée à partir de 2020. Certaines régions ont décidé de signer des conventions avec la SNCF avant cette date, repoussant ainsi la date obligatoire d'ouverture d'appels d'offres à la fin du contrat. L'ouverture à la concurrence touche aussi le métro parisien, le réseau express régional d'Île-de-France (RER) et les transiliens. Pour ces types de transport, la concurrence est possible depuis 2023 mais devient obligatoire en 2040. Certains appels d'offres et avis de concession ont déjà été lancés, par exemple sur la ligne L, en février 2023 pour un démarrage à partir de décembre 2025[1].

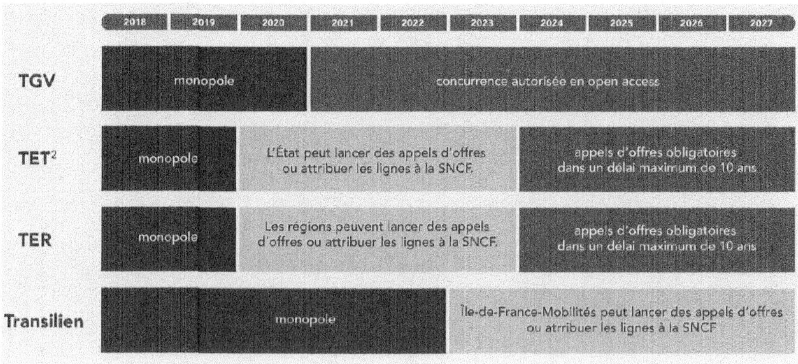

Source : SNCF, 2019

Au-delà de l'organisation de la SNCF et du calendrier d'ouverture à la concurrence, cette loi met fin à l'embauche au statut de cheminot, qui conférait aux travailleurs des avantages négociés autrefois par les partenaires sociaux. De plus, lorsqu'un contrat accordé initialement à la SNCF est accordé à un autre exploitant ferroviaire à la suite d'un appel d'offres, les agents peuvent être transférés dans la nouvelle société. Les conditions salariales et les avantages sont bien sûr négociés et les droits sociaux autrefois acquis deviennent donc des droits négociables.

1 Voir le planning complet d'ouverture à la concurrence : <https://www.groupe-sncf.com/fr/groupe/strategie/ouverture-concurrence#:~:text=L%E2%80%99ouverture%20du%20transport%20ferroviaire%20%C3%A0%20la%20concurrence%20en%2010%20dates>.

Une tendance générale de déréglementation des monopoles publics en Europe

Le démantèlement du monopole public et la mise en concurrence ne sont pas spécifiques au secteur ferroviaire. Tout ceci s'inscrit dans une tendance globale de démantèlement des secteurs considérés comme des monopoles, voire des « monopoles naturels ». On peut, par exemple, citer les télécommunications, le secteur du gaz, de l'électricité ou encore de l'aérien. L'Union européenne souhaite que soit instaurée une séparation entre ceux qui fournissent le service et ceux qui s'occupent de la gestion des réseaux[1]. Cette dernière activité ne peut être ouverte à la concurrence, alors que la première oui. Selon l'Union européenne, les infrastructures et leur gestion s'inscrivent dans un monopole naturel, ce qui n'est pas le cas de l'exploitation et de la fourniture des services qui doivent être ouvertes à la concurrence afin d'assurer

1 Jean Finez, « Les économistes font-ils l'économie ferroviaire : Maurice Allais, la "théorie du rendement social" et les premières restructurations de la SNCF », *Revue Française de Socio-Économie,* n° 11, p. 15-34, 2013.

aux consommateurs le meilleur service possible[1]. Ainsi, les entreprises privées profitent des investissements des États, sans, souvent, apporter de la valeur ajoutée. C'est d'ailleurs flagrant dans le secteur de l'électricité : la production d'électricité est assurée majoritairement (95 %) par les opérateurs publics, EDF et Engie, qui vont la vendre aux opérateurs privés souvent à des prix réduits, avec le mécanisme de l'ARENH, ce qui crée des conditions artificielles pour maintenir la concurrence. Ces opérateurs ne font en réalité que revendre l'électricité produite par d'autres, à des prix qui peuvent varier en fonction de la demande. Ce constat permet d'émettre un premier doute sur l'intérêt de l'ouverture à la concurrence, qui est souvent alimentée de manière artificielle.

Revenons à la théorie pour comprendre ce qu'est un monopole. Il s'agit d'une entité, d'une entreprise qui, sur un secteur donné, est seule sur le marché. Un monopole naturel se caractérise par l'existence de coûts fixes, irrécouvrables en cas de faillite, les *sunk costs* et par des effets réseaux : quand le nombre d'utilisateurs d'un même réseau augmente, l'utilité qu'ils en retirent augmente[2]. Pour ces secteurs considérés comme des monopoles publics, il est plus intéressant d'avoir une seule firme sur le marché, ce qui permet de ne pas faire augmenter les coûts de production grâce aux économies d'échelle. Une économie d'échelle est une réduction des coûts de plus en plus grande au fur et à mesure que

1 *Idem.*

2 Définitions d'*Encyclopaedia Universalis* sur les effets réseaux et les *sunk costs.*

la production augmente[1]. Leur existence peut engendrer ce qu'on appelle la sous-additivité des coûts : il est moins coûteux qu'une seule entreprise plutôt que deux, assure la production d'un produit. Il s'agit bien d'une situation de monopole naturel : les coûts de production sont moins élevés si une seule entreprise les supporte.

Les coûts de certaines infrastructures nécessaires pour fournir les services publics, initient de fait des monopoles naturels car non-rentables. De plus, certains marchés sont plus difficilement accessibles du fait des coûts et barrières à l'entrée. C'est le cas du ferroviaire, qui nécessite de disposer de wagons et matériels roulants, qui sont coûteux que ce soit à l'achat ou à la location.

Enfin, l'autre facteur expliquant les situations de monopole est, tout simplement, l'intervention de l'État[2]. Ce dernier peut être à l'origine de l'instauration d'un monopole légal restreignant la concurrence sur un secteur stratégique ou pour garantir la continuité d'un service public[3].

Le ferroviaire est un secteur qui a longtemps été considéré comme un monopole naturel car étant un service public stratégique permettant le désenclavement des territoires, l'accroissement de la mobilité et le transport de marchandises. Néanmoins, les notions de monopole et de monopole naturel ont progressivement été remises en cause par les théories libérales, comme celle

1 Patricia Perennes, « Les économistes et le secteur ferroviaire : deux siècles d'influence réciproque », *Alternatives économiques*, 2014.

2 Edwin G. West, *Monopoly, The New Palgrave Dictionary of Economics*, 20 mars 2020.

3 *Idem.*

des marchés contestables de William Baumol[1]. Cette théorie part du postulat suivant : les pressions concurrentielles que les monopoles historiques subissent permettent de réguler leurs comportements défaillants. L'intérêt n'est pas d'avoir une multitude d'entreprises sur un même secteur, mais de faire en sorte que le prix du marché se situe au niveau du coût marginal de production. Il évoque pour appuyer sa théorie l'exemple du secteur monopolistique de l'électricité dans les pays en développement. Selon lui, ce monopole a engendré plusieurs dysfonctionnements : une faible productivité, de nombreuses pannes, l'embauche d'un surplus d'agents… Le meilleur moyen de rendre ces marchés plus efficaces était donc, selon lui, de les rendre contestables en y introduisant la concurrence.

De plus, les situations de monopoles sont caractérisées par une absence de concurrence et ne respectent donc pas les principes de la concurrence libre et non faussée, chère à l'Union européenne. Cette notion, est présente dans plusieurs règlements et traités européens, mais principalement dans le traité sur le fonctionnement de l'Union européenne (TFUE) qui « vise à prévenir les restrictions et les distorsions de concurrence, telles que les abus de position dominante, les accords anticoncurrentiels ainsi que les fusions et acquisitions, s'ils réduisent la concurrence[2] ». La concurrence pure

1 John C. Panzar et William Baumol, *Contestable markets and the theory of industry structure*, 1982.

2 Pour en savoir plus sur ce traité : <https://www.europarl.europa.eu/factsheets/fr/sheet/82/politique-de-concurrence#:~:text=Le%20trait%C3%A9%20sur%20le%20fonctionnement%20de%20

et parfaite implique d'avoir un grand nombre d'acteurs sur le marché, l'homogénéité des produits, la liberté d'entrer et de sortir du marché, de pouvoir déplacer librement les facteurs de production, de n'avoir aucun acteur assez puissant pour exercer un contrôle ou une pression sur les prix et enfin pour les offreurs et demandeurs d'avoir une parfaite connaissance du marché et des produits[1]. Ces principes ne s'appliquent clairement pas au ferroviaire, si tant est que cela trouve une réalité dans un seul secteur.

Le monopole apparaissant ainsi comme une situation « anormale », créant des dysfonctionnements, ne respectant pas les principes de la libre concurrence, une chasse aux sorcières a commencé et la déréglementation a été imposée en cascade dans de nombreux secteurs.

l%E2%80%99Union%20europ%C3%A9enne>.

1 *Encyclopaedia Universalis*, Théorie de l'équilibre général, <https://www.universalis.fr/encyclopedie/microeconomie-theorie-de-l-equilibre-general/>.

Les réformes complémentaires à l'ouverture à la concurrence de l'Union européenne

En complément des travaux sur l'ouverture à la concurrence, l'Union européenne a lancé de nombreux projets autour du ferroviaire, avec l'ambition de créer un espace ferroviaire européen unique. Elle voulait remédier au morcellement juridique et technique entre les États membres. Cette ambition est louable, pourtant cela questionne quand on regarde la réponse apportée par l'Union européenne : l'ouverture à la concurrence. La baisse des parts modales n'est pas simplement le fait des monopoles publics et des morcellements juridiques et techniques, elle est majoritairement le fait d'un sous-investissement massif pendant des décennies ou encore de l'accroissement de la concurrence déloyale de la route.

Avec les paquets ferroviaires, l'Union européenne a réussi à harmoniser les législations sur la concurrence. Pour les éléments techniques, le sujet est plus complexe et assez coûteux. En effet, chaque État dispose de ses propres systèmes, par exemple de signalisation et de gestion du trafic. Le sujet de l'écartement des voies est également un problème, puisqu'un écartement différent entre deux pays empêche toute forme d'interopérabilité : à l'époque de la création des réseaux de chaque pays aucune harmonisation n'était à l'œuvre. L'écartement entre la France et l'Espagne n'est, par exemple, pas le même sur l'ensemble des voies des deux réseaux. Ces éléments empêchent aujourd'hui de réaliser des trajets en train « sans couture » entre l'ensemble des pays européens.

Ainsi, l'Union ambitionne au travers de « l'European Rail Traffic Management System » (ERTMS)[1] d'harmoniser les systèmes et ainsi d'accroître l'interopérabilité des réseaux européens. Pour prendre l'exemple de la France, ce système n'est pas déployé sur l'entièreté de ses lignes car les travaux sont coûteux : le coût pour les 17 000 kilomètres du réseau français faisant partie du réseau transeuropéen de transport, concernés par la mise en œuvre de l'ERTMS, est de 40 milliards d'euros. Selon la Cour des comptes, l'objectif de mise en œuvre de ce système à l'ensemble des États en 2030 risque de ne pas tenir, selon la Cour des comptes européenne[2].

Toutes ces réformes sont intéressantes mais posent question quant à leur efficacité. Il est nécessaire de conduire des travaux pour créer un réel réseau de transport ferroviaire à l'échelle européenne, dans un contexte où les flux ne vont faire qu'augmenter sans que cette dynamique puisse être endiguée sauf à contraindre les

1 Pour en savoir plus : <https://www.consilium.europa.eu/fr/policies/rail-transport-policy/>.

2 *Idem.*

flux, ce qui n'est pas la proposition de cet ouvrage. Il faut donc permettre aux populations de pouvoir se déplacer par des moyens de transport plus écologiques. Le train serait une parfaite alternative à l'aérien ou à la voiture dans l'espace européen. Pour autant, la priorité doit également être donnée aux dessertes fines et aux lignes permettant les déplacements quotidiens, sur lesquelles la France accuse un retard important.

Concernant le fret, en 2021 en France selon un rapport DataLab[1], le transport routier représentait 87,3 % du transport de marchandises, le ferroviaire 10,7 % et le transport fluvial 2 %. Si l'on compare aux parts modales de l'ensemble des États membres de l'Union européenne (comprenant les 27), le transport routier représentait la même année 77,3 % du transport de marchandises, le ferroviaire 17 % et le fluvial 5,6 %. La part modale du ferroviaire français est en dessous de la moyenne européenne. Il faut également souligner la baisse brutale de la part modale du fret en France depuis les années 1990 : elle représentait encore 20 % en 1990, pour tomber à 9 % aujourd'hui, en 2023.

1 Ministère de la Transition Écologique et de la Cohésion des Territoires, données et études statistiques, « Bilan annuel des transports 2022 », 2023 : <https://www.statistiques.developpement-durable.gouv.fr/bilan-annuel-des-transports-en-2022>.

Partie II
La baisse drastique des déplacements en train avec l'avènement du transport routier

Concernant maintenant le transport de voyageurs, toujours en 2021 en France, 84 % des déplacements s'effectuaient en voiture, 10 % via le train, 4,7 % via les bus, et 18,3 % via l'aérien[1]. On constate une augmentation de la part modale de la route entre 2019 et 2020 (+5 % environ), qui s'explique en partie par la crise de la Covid-19. La dynamique est similaire au niveau européen : la route représente 82,9 % des déplacements, les bus 9,4 % et les trains 7,8 %[2]. Pour rappel, le transport ferroviaire couvrait 90 % des déplacements aux XIXe et XXe siècles : la dégringolade est donc impressionnante.

Comment expliquer alors la baisse drastique de la part modale du ferroviaire, à la fois pour le transport de marchandises et de voyageurs ?

---

1 Statista, « Répartition du transport national de voyageurs en France de 2014 à 2021, selon le moyen de transport », octobre 2022 : <https://fr.statista.com/statistiques/481286/distribution-des-moyens-de-transport-interieur-voyageurs-france/>.

2 Eurostats : <https://ec.europa.eu/eurostat/statisticsexplained/index.php?title=Archive:Passenger_transport_statistics/fr#R.C3.A9partition_modale_des_passagers_int.C3.A9rieurs>.

La révolution du transport routier

Plusieurs facteurs peuvent expliquer la dégringolade du fret : la désindustrialisation a eu un impact, mais les effets principaux s'expliquent par l'évolution du transport routier. La puissance publique a multiplié les projets d'infrastructures routières depuis plusieurs décennies. L'avènement de la voiture individuelle est apparu comme une révolution, permettant de maîtriser ses déplacements au plus près, représentant également une forme de liberté individuelle. Le surinvestissement dans le réseau routier par rapport au réseau ferroviaire se matérialise par le nombre de kilomètres : en 2008, le réseau ferré national comptait environ 30 000 kilomètres, alors que le réseau de routes et d'autoroutes comptait environ un million de kilomètres.

L'attractivité du réseau routier réside dans sa complétude. Le réseau est suffisamment maillé au niveau européen, permettant de se déplacer partout et d'effectuer un trajet de bout-en-bout. La voiture individuelle/le camion permet également une plus grande flexibilité.

De plus, avec la libéralisation du secteur routier en 1992, les entreprises de logistique peuvent désormais faire appel à des transporteurs étrangers pour effectuer les déplacements des marchandises ce qui baisse les coûts salariaux. Enfin, point important, contrairement au ferroviaire, les camions ne nécessitent pas d'infrastructures importantes pour pouvoir débarquer les marchandises.

Apparu comme un moyen de transport révolutionnaire le routier s'est imposé comme le seul moyen de transport viable, notamment dans les territoires peu desservis par les transports en commun : aujourd'hui, 7 Français sur 10 se rendent au travail en voiture et, sur 80 % du territoire français, il n'y a pas de solution viable pour remplacer l'utilisation de la voiture individuelle[1]. Cette situation est aujourd'hui subie par les Français, le prix de l'essence ne cessant d'augmenter tout comme les frais afférents à l'entretien d'un véhicule. Les transports principalement routiers, représentent en moyenne 13,5 % du budget d'un ménage en 2021 contre 11 % en 1960[2], ce qui en fait un des postes de dépenses les plus importants avec le logement et l'alimentation.

En complément, la route présente de nombreuses externalités négatives. D'abord, les embouteillages : les conducteurs y passent en moyenne 120 heures par an en France. Les véhicules émettent également beaucoup d'émissions de gaz à effet de serre, ce qui a des impacts non négligeables sur la santé des individus : des milliers

1 Loi d'Orientation des Mobilités : <https://www.ecologie.gouv.fr/loi-dorientation-des-mobilites>.

2 Ministère de la Transition Écologique et de la Cohésion des Territoires, données et études statistiques : chiffres clés des transports édition 2023, <https://www.statistiques.developpement-durable.gouv.fr/chiffres-cles-des-transports-edition-2023>.

de morts par an sont imputables à la pollution ou encore aux accidents routiers[1]. Un accident d'avion ou de train est médiatiquement plus frappant, mais en termes de nombre de morts la route remporte le trophée. En effet, alors que 54 personnes sont mortes dans un accident de train en 2015, 3461 personnes ont trouvé la mort sur la route. Ainsi, le transport ferroviaire est sept fois plus sûr que le transport routier[2].

1 Rail Freight Forward, « 30 by 2030 : White paper from rail freight forward », 2019 : <https://www.railfreightforward.eu/sites/default/files/usercontent/white_paper-30by2030-150dpi6.pdf>.

2 Rapport au Premier ministre, « L'Avenir du transport ferroviaire », 15 février 2018 : <https://www.ecologie.gouv.fr/sites/default/files/2018.02.15_Rapport-Avenir-du-transport-ferroviaire.pdf>.

Une dégradation progressive des infrastructures ferroviaires

Un autre facteur expliquant la baisse de la part modale du ferroviaire est lié à la dégradation progressive de ses infrastructures. En effet, le sous-investissement chronique au profit de l'extension du réseau TGV, a conduit à une augmentation de la dégradation du réseau induisant des retards supplémentaires, des délais plus longs baissant encore davantage son attractivité.

Selon l'Autorité de régulation des transports[1], en 2022, l'âge des voies est en moyenne de 28 ans ; pour le réseau LGV, l'âge moyen est de 23 ans. À titre de comparaison, l'âge moyen du réseau allemand est de 20,9 ans, et ses embranchements sont en moyenne deux fois plus jeunes que les nôtres. Le réseau français comprend environ 30 000 kilomètres de lignes et continue à se contracter : de 240 km en 2022, de 640 km en 2019. Du fait du manque d'investissement, le réseau se réduit. En 1938, le

1 Autorité de régulation des transports, « Le marché français du transport ferroviaire en 2022 », 2022 : <https://www.autorite-transports.fr/wp-content/uploads/2023/12/essentiel_bilan-marche-ferroviaire2022.pdf>.

réseau représentait 42 500 kilomètres de voies. Soit une réduction totale de 12 500 kilomètres depuis.

Malgré ce constat connu les investissements n'augmentent pas. Selon DataLab[1], les investissements ferroviaires représentaient en 2022 19 % des investissements en matière d'infrastructure. Ce budget a augmenté de 10 % en 2021, pour baisser de près de 2 % en 2022. Le budget est important mais fluctuant et pas suffisant pour rattraper les années de sous-investissement. Autre point crucial, les investissements sur le réseau LGV augmentent (de 21 % en 2022 et de 13 % en 2021) alors que ceux sur le réseau principal, comprenant donc les petites lignes, diminuent de 3 %. Malgré les déclarations politiques le « tout TGV » ne semble pas complètement terminé. À titre de contre-exemple, et alors que son réseau est moins vieillissant que le nôtre, l'Allemagne vient d'allouer 86 milliards d'euros à la rénovation des infrastructures ferroviaires sur la période 2021-2030.

L'état du réseau est pourtant un réel problème : le vieillissement des infrastructures ne permet pas d'augmentation du trafic, voire pire, amène à une réduction des performances des trains et de leur régularité : le nombre de minutes perdues dues aux défaillances des infrastructures est en augmentation, ainsi que le nombre de ralentissements imposés. En effet, la vitesse des trains doit nécessairement baisser lorsqu'ils roulent sur des rails vieillissants. Tout ceci constitue un effet boule de neige,

---

1 DataLab, « Bilan annuel des transports », octobre 2022 : <https://www.statistiques.developpement-durable.gouv.fr/sites/default/files/2022-10/datalab_108_bilan_annuel_transports_2021_octobre2022.pdf>.

en augmentant le nombre de retards et en réduisant la régularité et donc la qualité de service. Les voyageurs se détournent ainsi massivement des lignes de train.

Une enquête du média *Reporterre*[1] en date de 2018 a recensé la fermeture de 27 lignes ces dernières décennies, soit l'équivalent de 4 % du réseau, correspondant à des lignes fines de desserte du territoire. Elles font partie de la catégorie « UIC 7 à 9 » du classement de l'Union internationale des chemins de fer. Cette classification de 1 à 9, reflète le trafic de chacune des lignes et permet de déterminer les besoins en maintenance : catégorie 1 le trafic est dense, catégorie 9 il est faible[2]. Les catégories UIC 7-9 représentent 40 % du réseau selon *Reporterre* : ce sont elles qui subissent le plus le manque de maintenance et les fermetures.

Selon le rapport Spinetta[3] de 2018, il faudrait plus de 10 ans d'investissement massif dans la rénovation pour remplacer l'ensemble des composants hors d'âge sur la partie la plus utilisée du réseau. Cette durée a certainement augmenté depuis. À noter que si les investissements avaient été lissés sur la durée, le gouvernement n'aurait pas aujourd'hui besoin de mettre des milliards sur la rénovation du réseau. Les gouvernements successifs ont commis une erreur stratégique fondamentale, et nous nous retrouvons aujourd'hui devant un choix

1 Marie Astier et Pierre Isnard-Dupuy, « La carte de l'état réel des trains du quotidien », *Reporterre*, 2018 : <https://reporterre.net/Exclusif-La-carte-de-l-etat-reel-des-trains-du-quotidien>.

2 Pour en savoir plus sur cette classification : <https://www.autorite-transports.fr/glossaire/classification-uic/>.

3 Rapport au Premier ministre, 15 février 2018, *op. cit.*

cornélien : investir massivement ou laisser le réseau se déliter au détriment des citoyens et citoyennes et de la transition écologique.

Sans un réseau viable et modernisé, il semble difficile d'augmenter la part modale du ferroviaire et la concurrence ne pourra rien y changer : au contraire, les nouveaux entrants ne pourront pas faire circuler autant de trains que souhaité sur certains tronçons. Pour la métaphore, ce serait comme demander à une voiture de luxe de rouler sur une route dégradée, avec des nids-de-poule : c'est possible en réduisant la vitesse, en faisant preuve de vigilance, mais ce n'est pas envisageable pour chaque trajet.

La nécessité de repenser nos modes de déplacement dans la perspective de la transition écologique

L'Union européenne et la France se sont fixées d'importants objectifs de réduction des gaz à effet de serre : pour la France, atteindre la neutralité carbone en 2050 avec une réduction de 37,5 % de ses émissions d'ici 2030[1].

L'Union européenne quant à elle, avec le plan « Ajustement à l'objectif 55 » souhaite réduire de 55 % ses émissions de gaz à effet de serre d'ici 2030 par rapport aux niveaux de 1990. Elle va même plus loin dans le Green Deal avec un objectif de fin des émissions nettes de gaz à effet de serre d'ici 2050. L'Union européenne souhaite devenir le « premier continent neutre pour le climat[2] ».

---

1 Plan climat, 2017 : <https://www.ecologie.gouv.fr/sites/default/files/2017.07.06%20-%20Plan%20Climat.pdf>.

2 Commission européenne, « Le pacte vert pour l'Europe » : <https://commission.europa.eu/strategy-and-policy/priorities-2019-2024/european-green-deal_fr>.

Pour se faire, l'Union se fixe plusieurs objectifs de réduction dans un certain nombre de secteurs. Les transports, qui représentent aujourd'hui 30 % des émissions de gaz à effet de serre au niveau mondial, sont dans son viseur, je cite : « La décarbonation du secteur des transports est essentielle pour atteindre les objectifs climatiques de l'Union européenne[1]. » Parmi les différents transports, toujours au niveau national, 72 % des émissions sont attribuables au transport routier, alors que le transport ferroviaire n'est responsable que de 1 % des émissions totales. En effet, en comparaison un TGV émet cinquante fois moins de CO_2 par kilomètre que la voiture, vingt-cinq fois moins qu'en covoiturage et huit fois moins qu'en bus[2]. Un train de fret émet dix fois moins de CO_2 par kilomètre que le nombre de poids lourds nécessaire pour transporter le même total de marchandises. Toutefois, les trains roulant majoritairement à l'électricité, les émissions dépendent fortement du mix énergétique du pays et de sa décarbonation.

Du fait de son faible impact écologique, l'Union s'est fixée comme objectif d'augmenter voire de doubler la part modale actuelle du transport ferroviaire. Cet objectif est nécessaire pour permettre les mobilités tout en réduisant leur impact écologique. Pour autant, l'Union et la France ne se donnent pas réellement les moyens de leurs ambitions.

---

1 Conseil de l'Union européenne, « Une mobilité propre et durable » : <https://www.consilium.europa.eu/fr/policies/clean-and-sustainable-mobility/>.

2 Rapport au Premier ministre, 15 février 2018, *op. cit.*

Au-delà de ses impacts climatiques, le transport routier est source de nombreuses externalités négatives dont la collectivité paie le coût : bruits, pollution, accidents routiers, embouteillages, etc. Selon l'Alliance 4F, groupement qui réunit les acteurs du fret ferroviaire, sur la période 2021-2040, ces externalités coûteront entre 16 et 30 milliards d'euros. En Europe, ce coût est estimé à 987 milliards par an, dont 19 % sont imputables au transport de marchandises[1]. Il faut aussi mentionner la destruction des surfaces agricoles, pour pouvoir y réaliser des infrastructures routières : le réseau ferroviaire occupe 2 % des surfaces de transport quand la route en occupe 70 % au niveau européen.

Autre élément majeur à prendre en compte : la consommation d'énergie. Nous vivons dans une société où le coût de l'énergie ne cesse d'augmenter, comme en témoignent les augmentations successives auxquelles nous faisons face depuis plusieurs années. Nous devons également dans une perspective écologique, réduire notre dépendance aux énergies fossiles.

Le secteur des transports est très énergivore, surtout le transport routier : pour un kilogramme équivalent pétrole, un camion peut transporter une tonne de marchandises sur 50 kilomètres, alors que le ferroviaire peut en transporter 130. En effet, le train dispose d'une capacité de transport plus importante, et le réseau français est majoritairement électrifié. Un nouvel avantage du ferroviaire, vers lequel nous devons tendre : l'électrification

1 Alliance 4F, CE Delft, « State of Play of Internalisation in the European Transport Sectory », mai 2019.

des secteurs, grâce à un mix énergétique décarboné permettrait une réduction importante de l'impact carbone, et de la dépendance aux énergies fossiles. Pour autant, il faudra paradoxalement produire davantage d'énergie : il faut donc pouvoir adopter le bon mix énergétique en réduisant la part des énergies fossiles tout en augmentant à la fois la part de l'énergie nucléaire et des énergies renouvelables, en adéquation avec les besoins réels.

Un autre scénario serait de réduire nos déplacements, réduisant ainsi les émissions de gaz à effet de serre liées aux transports. Cette option est utopique. Même si les déplacements des pays occidentaux se réduisaient, nous ne pourrions empêcher la mobilité croissante des autres pays du monde notamment ceux en développement. Cela semble d'autant plus utopique au regard des prévisions démographiques : le Conseil général des ponts et chaussées indique qu'un Français parcourait 14 000 kilomètres par an en 2000, et selon les prévisions il en parcourra 20 000 en 2050. Comment conjuguer l'augmentation de la demande de transports et nos objectifs de réduction de gaz à effet de serre ? Dans le secteur des transports, le ferroviaire est le meilleur candidat.

Retrouver notre souveraineté grâce au rail

Au-delà des enjeux écologiques, le ferroviaire est un secteur stratégique crucial dont le gouvernement français doit se réemparer pour qu'il puisse accompagner une réelle politique de réindustrialisation sur le territoire.

La France comprend sur son sol un nombre important de grands groupes industriels, dont certains produisent des marchandises stratégiques qui nécessitent d'être acheminées partout à tout moment. On pense par exemple à ArcelorMittal, à Total, etc. Si l'ensemble des groupes présents sur le territoire français utilisait le fret, l'activité pourrait être relancée. Un exemple phare est celui d'Amazon : cette entreprise spécialisée dans la vente en ligne, dont les flux sont impressionnants, ne dispose d'aucune infrastructure ferroviaire rattachée à ses entrepôts en France[1]. Dans ces conditions, le fret ne peut pas apparaître attractif pour les grosses entreprises, entrepôts et usines du territoire. L'utilité d'Amazon et

1 Audition d'Amazon par la commission d'enquête du Sénat en 2010.

nos habitudes de consommation doivent être questionnées : toutefois, cet exemple est symptomatique du manque d'adaptation du fret aux évolutions industrielles ces dernières années.

Il faut également souligner que des déplacements par train au regard de la dangerosité de certaines marchandises (produits toxiques, etc.), sont préférables pour éviter des accidents majeurs.

L'Union européenne et la France se sont fixées des objectifs forts pour réduire leurs émissions. Pour autant, ces objectifs ne sont pas suivis d'effet sur le secteur des transports. La France continue à sous-investir pour la rénovation du réseau, voire à délaisser les axes qu'elle ne juge pas « stratégiques », les lignes non-rentables ou petites lignes. La concurrence déloyale opérée par la route n'est nullement condamnée, soit parce que l'Union réfléchit en silo, voire pire, qu'elle ne veut pas en entendre parler. Pourtant, cette absence d'action a des conséquences aujourd'hui imminentes pour le fret français qui est menacé de toute part par l'Union européenne et par la France qui a annoncé un projet de démantèlement.

Partie III
La lente et douloureuse agonie du fret

Depuis les années 1950, alors qu'elle était majoritaire, la part modale du fret ferroviaire dans le total des échanges de marchandises n'a fait que baisser en France et en Europe. L'ouverture à la concurrence effective totalement depuis 2005-2006[1], n'a fait qu'accentuer ce déclin, contrairement aux tendres rêveries de nos dirigeants français et européens.

Aujourd'hui, le bilan est sans appel : c'est un fiasco et la part modale du transport de marchandises par train est de 9 % contre 89 % pour la route.

Pire, Fret SNCF est aujourd'hui accusé par la Commission européenne d'avoir bénéficié de subventions allant à l'encontre du principe de la concurrence libre et non faussée. Afin de la satisfaire, Clément Beaune a annoncé en mai 2023 la prochaine réforme de Fret SNCF, qui va lui porter un coup de grâce et causer la banqueroute de notre entreprise nationale, synonyme également de plus de camions sur la route.

L'Union souhaite que la part modale du fret atteigne 30 % d'ici la fin de la décennie en cours : c'est effectivement ce qu'il faut viser, mais la stratégie de l'UE pour y arriver est inadaptée. Il faut se rendre à l'évidence : aucune des réformes de ces vingt dernières années n'est

---

1 Les premiers trains fret ont circulé en 2005 (transport international) et en 2006 (transport national).

allée dans ce sens. À commencer par l'ouverture à la concurrence du fret bien que présentée comme une solution miracle par l'Union européenne.

Pour comprendre les enjeux à l'œuvre et la schizophrénie de l'Union européenne qui promeut la réduction des gaz à effet de serre, tout en punissant les secteurs qui pourraient réellement changer les choses comme le fret, il faut revenir sur le fonctionnement du fret et sur les causes de son déclin.

Le fonctionnement du secteur ferroviaire et les acteurs en présence

Le réseau est commun entre le transport de voyageurs et de marchandises sur 17 000 kilomètres de voies. Seulement quelques liaisons sont propres à l'un ou à l'autre, et les infrastructures sont distinctes car elles ne répondent pas aux mêmes besoins (gares de triage/plateformes multimodales et installations terminales embranchées desservant des usines/entrepôts/entreprises).

Ce réseau et les attributions de sillons sont gérés par SNCF Réseau. Ce dernier est d'ailleurs largement critiqué car il privilégierait l'attribution de sillons au transport de voyageurs, au détriment du transport de marchandises. Pour pouvoir imaginer augmenter la part modale du fret il faudra évidemment pouvoir retravailler cette répartition, en sanctuarisant par exemple des créneaux pour les marchandises.

Il existe aujourd'hui plusieurs types de train fret : les trains massifs et les trains de lotissement. Contrairement aux premiers, ces derniers sont composés de wagons isolés, comprenant des marchandises différentes et appartenant à différents clients. Les différents wagons sont ensuite triés dans des gares de triage et iront potentiellement dans des sens différents en fonction de leurs destinations finales. Ce triage demande un certain travail, plus coûteux.

Les types de marchandises peuvent varier dans le temps : aujourd'hui la majorité des produits proviennent des secteurs de la sidérurgie, de la chimie, de l'agroalimentaire, du bâtiment, du nucléaire. À noter que la désindustrialisation française a changé la typologie des marchandises transportées par le fret.

Quel bilan depuis l'ouverture à la concurrence ?

L'ouverture à la concurrence est effective depuis 2005-2006 : un laps de temps suffisant pour nous permettre de dresser un bilan de ses effets et de l'évolution du marché, qui n'est pas des plus glorieux.

D'abord, le marché du fret a énormément évolué suite à l'ouverture à la concurrence en France et en Europe. En France, Fret SNCF, l'opérateur historique, détient désormais environ 50 % des parts de marché, alors qu'il en détenait 77 % en 2010 et 100 % en 2005. Le marché français compte une vingtaine d'acteurs mais les plus importantes parts de marchés sont concentrées entre un nombre restreint d'entreprises : 10 entreprises assurent 99 % du fret.

Hormis Fret SNCF, la SNCF possède d'autres filiales qui réalisent également du transport de marchandises : CAPTRAIN France, VIIA, Naviland Cargo, Forwardis. Le total de ces filiales représente 20 % des parts de marchés[1]. Elles forment avec Fret SNCF, Rail

1 Pour en savoir plus sur les filiales : <https://www.sncf.com/fr/lo-

Logistics Europe. Dans un rapport publié en 2023[1], la CGT considère que ces entreprises sont trop silotées, ne permettant pas une adaptation dynamique des activités ferroviaires. Le marché est aujourd'hui très divisé alors que la part modale du transport ferroviaire n'a fait que baisser, oscillant désormais entre 10 et 9 %[2].

Poids des opérateurs ferroviaires dans l'activité de transport de fret (en % des trains.km)

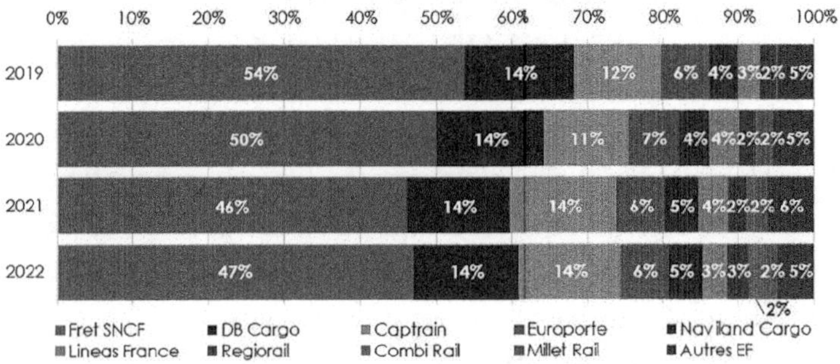

Source : ART d'après entreprises ferroviaires

3. Groupe SNCF : Fret SNCF, Ecorail Transport, Naviland Cargo, Normandie Rail Service et Captrain France (VFLI jusqu'en 2020)

Les entreprises de fret ne sont pas toujours rentables, ce qui favorise l'absorption des petits par les gros, comme a pu le faire l'entreprise allemande DB Cargo (filiale de la DB, entreprise ferroviaire publique allemande).

En France, de la même manière que pour le transport de voyageurs, la concurrence est la plus forte sur les

gistique-transport/rail-logistics-europe />.

1 CGT, « La défense et le développement du transport public de marchandises par le rail est un enjeu crucial », octobre 2023 : <https://www.cgt.fr/actualites/transport/environnement/la-defense-et-le-developpement-du-transport-public-de-marchandises-par-le-rail-est-un-enjeu-crucial>.

2 Autorité de régulation des transports, « Le marché européen du transport ferroviaire en 2020 », 2022 : <https://www.autorite-transports.fr/wp-content/uploads/2022/07/art_bilan-ferroviaire-europe-2020.pdf>.

sillons les plus rentables et connectés aux autres réseaux ferroviaires étrangers. La plupart des trajets sont réalisés sur 6 500 kilomètres de lignes, donc 24 % du réseau ferré national.

Les parts modales ont également évolué : entre 2005 et 2015, celle du fret ferroviaire dans l'Union européenne est passée de 14 % à 16,8 %[1]. En France, celle-ci est inférieure au niveau européen. Alors que d'autres pays européens affichent des progressions intéressantes depuis 2019, comme l'Italie, l'Allemagne et la Suisse, comment expliquer que la France reste à un niveau si bas ?

Le rapporteur d'un rapport de la commission d'enquête parlementaire sur les effets de l'ouverture à la concurrence du fret ferroviaire publiée en décembre 2023[2], Hubert Wulfranc, estime qu'elle a été mal accompagnée en France et qu'elle a donc plombé la croissance du secteur. Une autre preuve de l'inefficacité de l'ouverture à la concurrence est la multiplication des plans de relance pour le fret depuis 2005, sans qu'on puisse observer de changements notoires[3]. Le président de la commission d'enquête, David Valence, est plus nuancé, considérant que la désindustrialisation, la concurrence de la route et la qualité de service dégradée du fret sont des explications

1 *Idem.*

2 Assemblée nationale, « Commission d'enquête sur la libéralisation du fret ferroviaire et ses conséquences pour l'avenir », décembre 2023 : <https://www.assemblee-nationale.fr/dyn/16/organes/autres-commissions/commissions-enquete/ce-liberalisation-fret-ferroviaire>.

3 CGT, « La défense et le développement du transport public de marchandises par le rail est un enjeu crucial », octobre 2023 : <https://www.cgt.fr/actualites/transport/environnement/la-defense-et-le-developpement-du-transport-public-de-marchandises-par-le-rail-est-un-enjeu-crucial>.

plus probables à la baisse de la part modale. Ces divergences s'expliquent peut-être par l'appartenance politique de ces deux parlementaires.

En effet, la qualité de service et également le manque de flexibilité, devaient être corrigés par la concurrence selon ses promoteurs, mais restent pourtant deux problèmes majeurs. Dans un monde où l'offre et la demande s'ajustent constamment, le fret est un mode de transport lourd qui a du mal à s'adapter aux nouvelles chaînes logistiques. Des solutions existent comme l'utilisation de technologies prédictives et d'anticipation, mais elles ne sont pas toujours mises en œuvre.

Sur la régularité un rapport d'information du Sénat en 2008[1] indique qu'uniquement 70 % des wagons isolés sont à l'heure, contre 80 % pour les trains massifs. En 2022, près d'un train sur six (16 %) a accusé un retard de plus de 30 minutes. En observant ces données il est compréhensible que les acteurs se tournent vers le transport routier, plus adaptable, plus fiable. Comment ces retards peuvent-ils s'expliquer ? L'infrastructure détient une partie de la réponse. Le réseau est extrêmement dégradé : les lignes « capillaires », qui connectent les entrepôts/usines au réseau principal, ont en moyenne 73 ans. De nombreuses lignes ont été fermées ces dernières années faute de travaux de remise en état. Comment pourrait-on penser que la régularité pourrait s'améliorer, sans investissements massifs ?

---

1 Sénat, « La libéralisation des transports ferroviaires dans l'Union européenne », 2008-2009 : <https://www.senat.fr/rap/r08-220/r08-2207.html>.

Le fret se rapproche dangereusement du ravin, poussé par nos autorités publiques

La Commission européenne a ouvert en janvier 2023 une procédure d'examen à l'encontre de Fret SNCF. L'entreprise est accusée d'avoir bénéficié d'aides financières de l'État français allant à l'encontre du principe de la libre concurrence en ne respectant pas l'article 107 du TFUE : on parle de l'annulation de la dette de l'entreprise en 2019, d'un montant d'environ 5 milliards d'euros, ou encore de sommes versées en 2019 pour permettre la recapitalisation de l'entreprise. D'autres entreprises ferroviaires comme la DB Cargo, filiale de la DB, sont aussi dans le viseur de la Commission. Le verdict n'a, en date de mai 2024, pas encore été rendu.

Comment l'Union européenne peut-elle se donner de tels objectifs de réduction de gaz à effet de serre dans le domaine des transports, tout en lançant des enquêtes, dont les sanctions pourraient aboutir au démantèlement du fret et à un report modal énorme vers le routier ?

Pour faire passer la pilule à la Commission, le gouvernement en la personne de l'ancien ministre délégué des Transports, Clément Beaune, a annoncé un grand plan de refonte de Fret SNCF. Un plan qui est censé, encore une fois, rendre ses titres de noblesse à l'entreprise. Quand on analyse son contenu, on se rend compte qu'il va plutôt contribuer à pousser Fret SNCF dans le ravin, qui n'en est d'ailleurs pas très loin. Ce plan n'est rien d'autre qu'un coup de massue.

L'idée principale est de diviser Fret SNCF en deux entités, une en charge de la gestion du trafic, l'autre de la maintenance des matériels, rassemblées dans un groupe holding (Rail Logistics Europe) mais toujours rattachées à la maison-mère SNCF. Le capital de l'entreprise serait également ouvert à des acteurs privés, bien que la proportion n'ait pas été communiquée. Pour la gestion du trafic, encore faut-il que cette société puisse se coordonner avec SNCF Réseau, responsable de l'allocation des sillons. Le plan reste flou sur la répartition exacte des missions.

Enfin, autre élément majeur du plan : il propose de déposséder Fret SNCF de ses activités les plus importantes et rentables financièrement. Au total, 23 des lignes les plus rentables que l'entreprise exploite aujourd'hui seraient ouvertes obligatoirement à la concurrence. La nouvelle entreprise *new fret* ne pourrait pas candidater aux appels d'offres pour ces lignes pendant 10 ans[1]. Ces flux représentent plus de 100 millions d'euros et permettent à Fret SNCF de garder aujourd'hui la tête

1 Déclaration de Clément Beaune, ministre délégué chargé des Transports sur la libéralisation du fret ferroviaire et ses conséquences pour l'avenir à l'Assemblée nationale le 13 septembre 2023 : <https://www.vie-publique.fr/discours/291200-clement-beaune-13092023-liberalisation-du-fret-ferroviaire>.

hors de l'eau. Les employés seraient les premiers à en subir les conséquences, du fait des réductions d'emplois et des réallocations des travailleurs vers les sociétés privées.

Comment Fret SNCF peut-il survivre à une telle réforme ? C'est tout à fait impensable, l'entreprise n'étant déjà pas viable financièrement.

Le rapport de la commission d'enquête du Sénat publié en 2023, précédemment cité, dénonce fortement ce plan, qui n'empêchera d'ailleurs pas la Commission de prendre des mesures pénalisantes lorsqu'elle aura rendu les conclusions de son enquête.

Le souhait du gouvernement de développer la part modale du transport ferroviaire d'ici 2030 semble encore davantage un horizon inatteignable.

Une concurrence qui ne dit pas son nom : la route

La Commission est vigilante au respect de la libre concurrence. Pourtant, elle ne s'attaque nullement à la concurrence la plus déloyale qui touche le fret : celle du transport routier. Il faut même souligner que la SNCF, en son sein, a introduit la concurrence entre Fret SNCF et GEODIS qui est une entreprise présente sur le domaine de la logistique et du transport routier.

D'abord, il faut souligner le lien entre la baisse des parts modales du fret et le développement d'un réseau routier massif, permettant ainsi son accroissement[1]. Le réseau routier est en effet plus dense, permettant de desservir à une maille très fine les entreprises, ports, zones industrielles, villes, et est plus moderne que le réseau ferroviaire actuel.

Selon le Shift Project, le développement du réseau routier a été favorisé par l'étalement urbain et l'installation de nouvelles activités industrielles qui

1 Assemblée nationale, « Commission d'enquête sur la libéralisation du fret ferroviaire et ses conséquences pour l'avenir », décembre 2023 : <https://www.assemblee-nationale.fr/dyn/16/organes/autres-commissions/commissions-enquete/ce-liberalisation-fret-ferroviaire>.

n'étaient pas nécessairement proches des infrastructures ferroviaires et portuaires. Contrairement aux trains, les camions peuvent facilement débarquer les marchandises n'importe où grâce à la porte de déchargement, ce qui n'est pas le cas des trains qui ont besoin d'infrastructures spécifiques pour accéder à certains points stratégiques. Si ces zones ne sont pas raccordées à de telles infrastructures, le routier, plus flexible, est avantagé. Cet étalement urbain et ces implantations de nouvelles activités auraient dû être pensés dans le cadre d'une stratégie globale de développement des infrastructures ferroviaires et portuaires, ce qui n'a pas été le cas. Il est donc nécessaire aujourd'hui de réaliser des trajets routiers pour acheminer les marchandises à ces infrastructures lorsqu'elles sont utilisées[1].

La route bénéficie également d'un certain nombre d'avantages[2]. Comme évoqué, les nuisances (pollution, dégradation du réseau, embouteillages, accidents) liées au transport routier ne sont nullement prises en compte : elles sont subies par la collectivité sans dédommagement financier. Ensuite, tout comme le fret, le transport routier de marchandises doit s'acquitter des péages en empruntant le réseau autoroutier. Il existe des alternatives gratuites au réseau autoroutier : on compte environ 9 000 kilomètres de voies payantes, 12 000 kilomètres de routes nationales gratuites et 380 000 kilomètres de routes départementales. Ainsi, les transporteurs peuvent

1 *Idem.*

2 Sénat, « La libéralisation des transports ferroviaires dans l'Union européenne », 2008-2009 : <https://www.senat.fr/rap/r08-220/r08-2207.html>.

très facilement éviter de payer des péages. Ce contournement est impossible pour les transporteurs ferroviaires ce qui pèse fortement sur les prix.

Enfin, dernier avantage du transport routier, il est largement possible aujourd'hui de contourner la fiscalité en place. Suite à l'abandon du projet d'écotaxe en 2014 (qui devait générer 900 millions par an), le gouvernement a majoré de deux centimes par litre la taxe sur l'achat de gazole en France pour les particuliers, et de quatre centimes pour les transporteurs (la taxe intérieure de consommation des produits énergétiques, TICPE). Ainsi, lorsque les camions réalisent le plein en France, ils s'acquittent de manière indirecte d'une taxe liée à leur passage sur le réseau français. Mais cette taxe est un échec : en effet, les transporteurs réalisent leurs pleins d'essence dans des pays limitrophes pour ne pas avoir à le faire en France et ainsi éviter la taxe. Selon l'ADEME[1], les transporteurs étrangers achètent en France moins de 23 % du carburant qu'ils y consomment. Ils passent en France en laissant le moins de traces possible. Les effets de cette taxe sont moindres et pénalisent plutôt les contribuables qui n'ont pas de moyen de contournement. De plus, avec la possibilité de faire appel à des transporteurs étrangers moins rémunérés, le nombre total de transporteurs français sur le total en Europe est passé de 50 % en 1999 à 10 % aujourd'hui[2].

---

1 Assemblée nationale : « Commission d'enquête sur la libéralisation du fret ferroviaire et ses conséquences pour l'avenir », décembre 2023 : <https://www.assemblee-nationale.fr/dyn/16/organes/autres-commissions/commissions-enquete/ce-liberalisation-fret-ferroviaire>.

2 Assemblée nationale, « Commission d'enquête sur la libéralisation

Nadia Hilal[1] pointe du doigt les effets pervers des déréglementations du transport routier de marchandises en Europe. Au-delà du fait que les transporteurs routiers ne payent aucune taxe, les emplois français de ce secteur sont impactés. Les transporteurs étrangers sont moins chers, interchangeables, ne bénéficient pas de la même protection sociale qu'en France. Tout ceci alimente un nivellement à la baisse des droits sociaux et des salaires en Europe alors que nous devrions justement militer pour le contraire.

Dernier point et non des moindres qui démontre encore une fois la schizophrénie de l'Union européenne : l'adoption au Parlement européen en mars 2024 de la directive « Poids et dimensions » qui vise à harmoniser les règles de circulation des mégas-camions sur le territoire. Il s'agit de poids lourds de 25 mètres, pouvant peser jusqu'à 60 tonnes et disposant de deux remorques[2]. Ce choix est anti-écologique et va venir encourager encore davantage la circulation de camions, au détriment de l'utilisation du fret. Cette mesure vient une nouvelle fois favoriser la route au détriment du ferroviaire.

Désinvestissement sur le réseau ferré, investissement massif dans le réseau routier, évitement de la fiscalité par les transporteurs routiers, concurrence déloyale,

---

du fret ferroviaire et ses conséquences pour l'avenir », décembre 2023 : https://www.assemblee-nationale.fr/dyn/16/organes/autres-commissions/commissions-enquete/ce-liberalisation-fret-ferroviaire>.

1 Nadia Hilal, *Sociologie du travail*, n° 48, 2006.

2 Vie publique, « Méga-camions, les eurodéputés favorables à leur circulation sur les routes européennes », mars 2024 : <https://www.vie-publique.fr/en-bref/293358-mega-camions-le-parlement-europeen-favorable-leur-circulation>.

ouverture à la concurrence, circulation des méga-camions favorisée en Union européenne... voici une liste, non-exhaustive, des principaux facteurs qui sont en train de tuer le fret ferroviaire.

Au-delà de ces facteurs, on peut légitimement se demander si le désintérêt croissant pour le fret ne s'explique pas aussi par l'évolution des chaînes logistiques et de nos modes de consommation. Le fret n'est clairement pas adapté à l'instantanéité des commandes et des livraisons, pratiquée aujourd'hui par certains grands groupes d'e-commerce comme Amazon, aux nouvelles pratiques de consommation ou encore aux pratiques industrielles du zéro-stock et du juste-à-temps. Ces pratiques rendent, *de facto*, la route plus intéressante que le fret, du fait du maillage de son réseau et de la flexibilité et adaptabilité qu'elle peut procurer. Il est urgent de les remettre en cause.

Le secteur du fret aux États-Unis et en Allemagne

Pour comprendre qu'une autre politique en matière de fret est possible, il suffit de regarder du côté de l'Allemagne et des États-Unis.

Les États-Unis disposent du réseau ferroviaire le plus étendu et 1/3 des marchandises est transporté par le train sur l'ensemble du territoire. Ce réseau s'étend même au Canada et au Mexique. Le fret représente un marché de 80 milliards de dollars, et la croissance prévue d'ici 2040 est de 40 %. Contrairement à la France, le réseau est possédé par les entreprises privées ; la compagnie historique nationale, Amtrak, ne possède que 3 % du réseau. Dernier bouleversement sur le secteur, la fusion des transporteurs Canadien Pacifique (d'origine canadienne) et Kansas City Southern (d'origine états-unienne) pour devenir Canadien Pacifique Kansas City. Il s'agit de la plus grosse fusion dans le secteur de ces dernières décennies, et l'entreprise nouvellement créée souhaite s'affirmer comme un leader sur le secteur. Cette fusion, selon eux, aura également de forts bénéfices environnementaux.

Les capacités des infrastructures sont différentes par rapport à la France : les trains américains disposent de deux étages sur un même wagon, pour des longueurs pouvant atteindre trois kilomètres très loin des dimensions des trains français et européens[1]. Ainsi, davantage de marchandises (produits chimiques, alimentaires, du charbon, des voitures, etc.) peuvent être transportées. En France ce dimensionnement ne serait pas forcément pertinent compte tenu de la taille du territoire mais, à l'échelle européenne, cela pourrait avoir du sens. Toutefois, ces adaptations auraient des coûts qui sont majeurs.

Il faut noter également que le fret ferroviaire aux États-Unis contrairement à ce qu'il se passe en Europe, est prioritaire sur l'activité voyageurs. Enfin, point commun avec l'Union européenne, les États-Unis ont déréglementé le secteur en 1976 et 1980, avec le vote du Railroad Revitalization and Regulatory Reform Act et du Staggers Rail Act.

De plus, les États-Unis investissent massivement dans le ferroviaire et le fret, considéré comme un secteur stratégique ce qui peut expliquer son succès aujourd'hui : en 2021, le président Joe Biden a annoncé des investissements de plus de 150 milliards afin de rénover et développer les infrastructures ferroviaires. Contrairement à l'Union européenne, ce qui est paradoxal, les États-Unis savent lorsqu'ils ont intérêt à protéger leurs secteurs stratégiques.

---

1 Ugo Thomas, « La longue agonie du fret ferroviaire », *LVSL*, 2021 : <https://lvsl.fr/la-longue-agonie-du-fret-ferroviaire/>.

Qu'en est-il maintenant du côté des Allemands ? En Allemagne la part modale du fret représente 19,8 % du total en 2021, avec une hausse de près de 2 points par rapport à 2019. La croissance devrait s'établir autour de 14 %. Nous sommes loin du marché américain mais c'est compréhensible au regard des périmètres géographiques de ces deux pays. Le marché ferroviaire allemand est le plus important d'Europe avec environ 38 000 km de voies.

La compagnie nationale historique allemande est toujours en activité et dispose encore de 50 % des parts de marché, il s'agit de la Deutsche Bahn (DB). Avec l'ouverture à la concurrence en 1994, de nombreux opérateurs se sont introduits sur le marché.

L'Allemagne investit massivement dans le transport ferroviaire avec un budget de 13 milliards consacré en 2022 aux infrastructures dans le cadre du programme « Neues Netz für Deutschland ». Le gouvernement allemand s'est fixé l'objectif de faire passer sa part modale fret de 19 à 25 % d'ici 2030[1]. Toutefois, DB Cargo, la filiale fret de la DB, est accusée de ne pas respecter les règles de la concurrence par la Commission : elle pourrait potentiellement se voir infliger des sanctions à la fin de l'enquête de la Commission qui vise également Fret SNCF, pouvant mettre à mal cet objectif.

---

1 Cécile Boutelet, « En Allemagne la vétusté du réseau ferroviaire freine le développement du train », *Le Monde*, avril 2023 : <https://www.lemonde.fr/economie/article/2023/04/16/en-allemagne-la-vetuste-du-reseau-ferroviaire-freine-le-developpement-du-train_6169773_3234.html>.

Tout comme la France, l'Allemagne fait face à une évolution des types de produits transportés par le fret : autrefois et encore aujourd'hui beaucoup d'énergies fossiles, de charbon, de produits lourds. L'utilisation et le transport de ce type de marchandises sont censés baisser dans les prochaines décennies. L'Allemagne souhaite aujourd'hui capitaliser sur le transport de marchandises en utilisant l'intermodalité, c'est-à-dire en combinant route/ferroviaire, pour plus de flexibilité et diversifier les types de marchandises.

Toutefois, le réseau allemand fait face à plusieurs défis comme l'accumulation des retards, avec uniquement 65 % des trains de la DB arrivés à l'heure en 2022 : on considère qu'un train n'est pas à l'heure quand il a, *a minima*, 5 minutes de retard[1]. Ce retard est lié principalement à la vétusté des infrastructures et est un problème assez sérieux qui pénalise l'utilisation du train, même s'il n'endigue à ce stade pas la dynamique de croissance.

Ces 2 modèles montrent qu'il est crucial de disposer d'un acteur fort sur le secteur (la DB en Allemagne, Canadien Pacifique Kansas City aux États-Unis), pour avoir une réelle dynamique de croissance : le morcellement des acteurs sur ce secteur est contre-productif comme en témoigne la situation en France. L'autre point réside dans les capacités de transport : revoir les dimensionnements des trains pourrait être pertinent si l'Union européenne souhaite faire du fret ferroviaire le mode de transport privilégié pour les marchandises notamment stratégiques.

1 *Idem.*

Enfin, ailleurs qu'en France, les pays avec un réseau ferroviaire développé rencontrent également des défis, liés à la vétusté du réseau, et au besoin de désengorgement des principaux nœuds ferroviaires. La réponse principale apportée par ces pays est celle de l'investissement massif dans un secteur qui est jugé comme étant l'avenir : il s'agit de s'en inspirer.

Partie IV

L'inefficacité de l'ouverture à la concurrence du transport ferroviaire de voyageurs

L'ouverture à la concurrence du transport de voyageurs, actée dans le dernier paquet ferroviaire de 2016, est défendue comme LA solution magique par l'Union européenne. Elle va permettre de faire baisser les prix, d'augmenter le nombre de dessertes, d'améliorer le service, l'expérience voyageurs, la régularité… Comment ne pas succomber face à ces belles promesses ?

Pourtant, la réalité est à nuancer. Il est encore difficile de tirer un bilan complet de l'ouverture à la concurrence du transport de voyageurs en France, mais les politiques conduites en la matière par nos voisins, notamment allemands et anglais, plus précoces sur ce sujet, nous permettent de déterminer ce qu'il faut et ne faut pas faire.

Quelle est donc la situation sur le marché ferroviaire de voyageurs en France aujourd'hui ? Est-ce que la concurrence a eu des effets déjà significatifs, et quelles sont ses limites ?

L'ouverture à la concurrence des TGV, des TET et des TER en France

La loi de 2018 pour un nouveau pacte ferroviaire a acté l'ouverture à la concurrence du marché ferroviaire de voyageurs en France. Elle peut donc s'opérer sur les lignes LGV depuis 2020, et depuis 2019 pour les TET (train d'équilibre du territoire) et les TER (transport express régional). Pour le réseau transilien, l'ouverture sera progressive entre 2023 et 2039[1].

Sur le réseau LGV, depuis 2020, de nouveaux services ont vu le jour : deux nouvelles offres de Trenitalia, sur les lignes Paris-Lyon et Paris-Lyon-Milan et deux nouvelles offres de la marque Ouigo (offre *low-cost* de la SNCF) sur les lignes Paris-Nantes et Paris-Lyon[2].

Pour les TET, toutes les lignes ne sont pas concernées à ce stade par l'ouverture à la concurrence qui est progressive : les appels d'offres ont été lancés par l'État sur douze lignes dès 2020, sur les axes Nantes-Bordeaux et

1 Groupe SNCF, « L'ouverture à la concurrence », 27 février 2024 : <https://www.groupe-sncf.com/fr/groupe/strategie/ouverture-concurrence>.

2 Autorité de régulation des transports, « Le marché français du transport ferroviaire », 2022.

Nantes-Lyon. Ils n'ont à ce stade pas abouti, du fait de l'absence de candidat hormis la SNCF. Finalement, la puissance publique a décidé de recontractualiser avec la SNCF sur plusieurs lignes de TET, en repoussant l'ouverture à la concurrence en 2027[1].

Pour les TER la situation est différente entre chaque région. On peut les ranger en deux groupes : celles qui ont décidé de recontractualiser avec la SNCF, et celles qui ont ouvert une partie ou la totalité de leur réseau par appels d'offres. Les mises en concurrence sont globalement progressives.

Parmi les régions qui ont recontractualisé avec la SNCF, on pense par exemple à la Normandie qui a récemment signé un contrat d'exploitation avec la SNCF jusqu'en 2033, avec une mise en concurrence de l'étoile de Rouen à partir de 2027. D'autres régions ont suivi le même chemin : la Bourgogne-Franche-Comté, le Centre-Val de Loire, la Nouvelle-Aquitaine, et l'Occitanie[2].

D'autres régions ont ou sont en train de lancer des appels d'offres, comme la région Auvergne-Rhône-Alpes qui a annoncé le lancement d'appels d'offres progressifs entre 2029 et 2035. Ils porteront sur plusieurs parties du réseau de la région : l'étoile ferroviaire lyonnaise, celle de Chambéry et Grenoble, les liaisons entre Lyon et des grandes villes hors de la région, les liaisons en Savoie et les liaisons Auvergne.

---

1 Camille Selosse, Yann Guégan, « Où les régions en sont-elles de l'ouverture à la concurrence? », *Contexte*, décembre 2023 : <https://www.contexte.com/article/transports/ouverture-du-rail-a-la-concurrence-les-regions-en-ordre-disperse_102488.html>.

2 *Idem.*

Pour la région Provence-Alpes-Côte d'Azur, 2 axes ont été ouverts : d'abord, l'axe Azur (ligne Les Arcs/Draguignan-Vintimille, ligne Nice/Tende, ligne Cannes/Grasse) attribué à la SNCF. Le contrat prévoit une augmentation du nombre de dessertes et des fréquences plus régulières aux heures de pointe. Le 2e axe, Intermétropoles (Marseille-Toulon-Nice) a été attribué à Transdev. Il prévoit également une augmentation du nombre de dessertes. L'ouverture dans cette région a été très précoce, du fait de relations très compliquées entre l'opérateur et la région depuis de nombreuses années. De nouveaux appels d'offres ont été lancés ou vont l'être prochainement sur les lignes suivantes, pour une exploitation à partir de 2029 : Marseille-Miramas, Marseille-Avignon, Marseille-Avignon-Valence-Lyon, Marseille-Nîmes-Montpellier, Avignon-Carpentras.

Les régions Pays-de-la-Loire et les Hauts-de-France sont dans le même cas[1].

Pour le moment, l'exploitation des lignes reste majoritairement à la main de la SNCF, du fait de recontractualisation, ou parce qu'elle a remporté certains appels d'offres.

Plusieurs autres sociétés ferroviaires souhaitent faire circuler ou font circuler des trains en France depuis peu : RENFE (société nationale espagnole), Trenitialia (société nationale italienne), Railcoop (coopérative française), Transdev (société ferroviaire française), etc. La RENFE fait circuler des trains depuis fin 2023, de Marseille et Lyon à destination de Madrid et Barcelone et s'intéresse à la desserte Paris-Lyon-Marseille. Concernant

1 *Idem.*

Trenitalia, cette compagnie faisait déjà circuler des trains en France avant l'ouverture à la concurrence, depuis Marseille jusqu'en Italie. Elle souhaite également faire circuler des trains sur la ligne la plus rentable du réseau, Paris-Lyon-Marseille.

On voit donc, entre l'absence de candidats aux appels d'offres pour les TET, et le peu de circulation d'autres entreprises que la SNCF que l'ouverture à la concurrence n'est à ce stade pas un franc succès. Comment l'expliquer ?

Les opérateurs se plaignent de l'organisation du système ferroviaire. Ils dénoncent des péages trop élevés, la vétusté du réseau, la difficulté de réserver des sillons auprès de SNCF Réseau, le gestionnaire, ou encore le coût du matériel roulant.

Pour inciter les nouveaux opérateurs à faire circuler des trains en France, ils peuvent bénéficier pendant les premières années d'une réduction des péages. La France crée ainsi une distorsion de concurrence, qui va bénéficier aux opérateurs privés au détriment de l'opérateur historique, la SNCF[1]. Pourquoi créer des règles artificielles pour inciter à la concurrence, si celle-ci est jugée efficace ? Une règle similaire a été mise en place pour le marché de l'électricité, l'opérateur historique va vendre à perte sa production d'électricité aux opérateurs privés. Ces incitations questionnent fortement l'intérêt et l'efficacité de l'ouverture à la concurrence.

1 Autorité de régulation des transports, « L'ART valide la proposition de réduction des péages ferroviaires négociée entre SNCF Réseau et Trenitalia France pour 2022 et 2023 », juin 2022 : <https://www.autorite-transports.fr/actualites/lart-valide-la-proposition-de-reduction-des-peages-ferroviaires-negociee-entre-sncf-reseau-et-trenitalia-france-pour-2022-et-2023/>.

L'arrivée de nouveaux acteurs sur le marché français, et les premiers échecs

De nouveaux acteurs, qui ne sont pas des sociétés ferroviaires nationales, s'intéressent de plus en plus à ce secteur. Mais les résultats sont pour le moment, mitigés.

Kevin Speed

Kevin Speed, une nouvelle start-up française, entend révolutionner le secteur ferroviaire. Ce nouvel opérateur souhaite faire rouler des trains « hybrides », entre le TGV et le RER, en France. Ces trains rouleront à la vitesse des TGV tout en étant conçus comme un système de RER : des trains desservants plusieurs communes, sans réservation, avec une tarification au trajet.

L'offre ilisto proposée par Kevin Speed, concernerait à ce stade trois lignes : Paris-Lille ; Paris-Strasbourg ; Paris-Lyon. Des arrêts sont prévus sur plusieurs communes pour chacune de ces lignes, par exemple pour Strasbourg : Meuse TGV, Lorraine TGV ; pour Lyon : le

Creusot, Mâcon. Surtout, le point fort apparent de cette offre serait ses prix : Kevin Speed annonce un prix d'environ 3 euros pour 100 kilomètres, en heures creuses, avec pour Paris-Lille, un coût de trajet égal à 5 euros. Enfin, la fréquence de ces trois lignes serait assez importante, avec jusqu'à 16 passages quotidiens par ligne. L'entreprise compte également proposer des abonnements plus attractifs basés sur la fréquence : plus l'usager emprunte le service, plus le coût de son abonnement serait réduit. Nous ne connaissons pas encore le contour des abonnements qui seront proposés (prix, fréquences nécessaires pour bénéficier d'un tarif réduit, etc.).

Une première levée de fonds soutenue par BPI France, a été conduite. Les employés pourront également entrer au capital de l'entreprise. Enfin, Kevin Speed indique vouloir répondre à un nouveau besoin lié à l'émergence du télétravail, et à l'éparpillement géographique de la population.

Les premiers essais sont prévus pour 2026 et le lancement des circulations pour 2028, sous réserve de la validation du projet par l'Autorité de régulation des transports. L'opérateur vient de signer un contrat avec SNCF Réseau lui permettant de bénéficier des sillons pour faire circuler ses trains[1].

Pour pouvoir proposer de tels prix, Kevin Speed s'appuie sur un modèle économique basé sur le *low-cost*,

1 Rappelons que le gestionnaire d'infrastructures est SNCF Réseau, que chaque entreprise ferroviaire souhaitant faire circuler des trains sur le réseau en libre accès doit lui adresser une demande. Les entreprises ferroviaires s'acquittent de péages auprès de SNCF Réseau.

similaire à ce qui peut être mis en place par certaines compagnies aériennes comme Ryanair.

D'abord, le nombre de sièges va être augmenté grâce à la suppression de l'ensemble des services (wagons-bar, première classe), permettant ainsi un gain de place. Plus le nombre de sièges est important, moins le prix est élevé car le coût est davantage rentabilisé. Ce modèle est viable à condition que les trains ne roulent pas régulièrement à vide ou à moitié rempli. L'entreprise annonce que les trains seront équipés de portes supplémentaires par rapport à un TGV classique permettant aux voyageurs d'entrer et de sortir plus rapidement, réduisant ainsi le temps d'arrêt. La réduction de ce délai permet de gagner de précieuses minutes pour faire rouler davantage de trains sur une journée donnée. Ce principe est déjà utilisé pour les nouvelles rames de métro parisiennes comme les lignes 14 et 11.

Il y a fort à parier qu'en plus du tarif basique, de nombreuses options seront proposées, faisant ainsi augmenter les prix : ajout d'un bagage, d'un vélo, utilisation d'une prise, etc.

L'entreprise annonce également que ses trains rouleront plus vite. Ce point dépendra des modèles de trains dont elle disposera et d'un certain nombre de paramètres techniques, comme l'utilisation du réseau classique plutôt que LGV.

L'offre est prometteuse. Il faut évidemment démocratiser l'accès au transport ferroviaire pour toutes et tous, pour des raisons d'égalité et pour favoriser les modes de déplacement qui génèrent moins de gaz à effet de serre. Pourtant, il y a plusieurs écueils à cette offre et plusieurs points restent en suspens.

D'abord, le choix de ces 3 lignes n'est pas anodin : ce sont parmi celles qui sont les plus rentables du réseau. Le choix de se positionner sur des petites lignes aurait été plus étonnant. Il est assez évident que les nouvelles entreprises ferroviaires à but lucratif qui émergent ne se soucieront jamais des petites lignes déficitaires, pourtant essentielles pour desservir de manière fine l'ensemble des communes du territoire. Leur financement restera à la charge des régions, tant qu'elles et le gouvernement décideront de les maintenir.

Ensuite, sur le coût, les prix affichés sont effectivement très attractifs. Mais les tarifs annoncés porteront sur les heures creuses : les prix lors des horaires les plus fréquentés, restent encore un mystère. EDF pour l'électricité, la SNCF et son offre Ouigo, proposent déjà des tarifs réduits en heures creuses. Rien de révolutionnaire sur ce point. Les prix affichés aujourd'hui (entre 3 et 5 euros) pourraient être l'exception plutôt que la norme.

Un autre problème majeur porte sur la réservation. Il est effectivement révolutionnaire de ne pas avoir besoin de réserver son train, réduisant considérablement la charge mentale liée aux déplacements : cependant, les risques de congestion sur une même ligne aux heures de pointe, ne sont pas à exclure.

En ce qui concerne l'achat des trains, Kevin Speed indique que les tests démarreront en 2026 pour mise en circulation en 2028, mais encore faut-il que les 20 rames qu'ils ont commandées à Alstom soient produites. Surtout, pour pouvoir disposer de ces rames, il faut pouvoir les payer. L'entreprise après sa première levée de fonds, cherche à récolter un milliard d'euros pour pouvoir mettre son projet en route. Une somme colossale qui peut étonner. Il faut toutefois rappeler que le matériel roulant et l'exploitation de lignes ferroviaires coûtent très cher. Le coût d'entrée est d'ailleurs extrêmement dissuasif, ce qui explique aussi pourquoi la concurrence, qui devait sauver le train selon l'Union européenne, n'est pas si efficace[1].

La question qui pourrait légitimement se poser est celle de la différence entre l'offre de Kevin Speed et celle de Ouigo. Ouigo est l'offre *low-cost* de la SNCF, lancée en 2013. Elle représente aujourd'hui 20 % du marché de la grande vitesse en France, comprend une cinquantaine de destinations et a transporté près de 110 millions de voyageurs sur la période 2013-2023.

Tout comme Kevin Speed, le modèle économique de Ouigo est basé sur le *low-cost* : des prix réduits (1 voyageur sur 2 a voyagé avec Ouigo pour moins de 25 euros), des trains et des plans de roulement optimisés, des wagons pouvant accueillir davantage de voyageurs (+ 25 % par rapport à un TGV classique avec la suppression de wagons de type première classe et wagon-bar), des options payantes, le développement de différentes offres comme « Ouigo essentiel » ou « Ouigo plus ».

---

1 Sur le sujet de l'ouverture à la concurrence, Chloé Petat, « L'ouverture à la concurrence, la solution miracle pour rendre le transport ferroviaire de voyageurs de nouveau attractif? », *Le Temps des Ruptures*, 2022 : <https://letempsdesruptures.fr/index.php/2022/04/07/louverture-a-la-concurrence-la-solution-miracle-pour-rendre-le-transport-ferroviaire-de-voyageurs-de-nouveau-attractif/>.

Ouigo mène une politique offensive et qui fonctionne. Celle que souhaite mettre en place Kevin Speed s'en rapproche grandement. L'existence de deux acteurs du *low-cost* sur le marché ferroviaire est possible, comme c'est le cas pour l'avion. Pour autant, le territoire étant réduit, et les lignes ayant des capacités finies, leur capacité à coexister sur le même réseau interroge.

L'échec de Railcoop

Railcoop est une coopérative ferroviaire française lancée en 2019, qui souhaitait exploiter la ligne de fret Toulouse-Figeac et la ligne voyageurs Bordeaux-Lyon, qui avait été laissée à l'abandon par la SNCF. 6 trains devaient circuler par jour, en passant par Roanne, Montluçon, Guéret, Limoges, Périgueux, pour un tarif attractif de 38 euros. Étant une société coopérative d'intérêt général, son objectif n'était pas de dégager des profits, mais plutôt de rester à l'équilibre.

Railcoop a subit une descente aux enfers, son aventure s'achevant par une décision de justice du tribunal de commerce de Cahors, le 27 mars 2024, annonçant sa liquidation. La coopérative a réussi à lever un certain nombre de fonds auprès de collectivités comme la ville de Lyon et sa métropole, atteignant jusqu'à 14 000 sociétaires. Pour faire circuler des trains demandant énormément d'argent, une nouvelle levée de fonds a été organisée en 2023, mais elle a été un échec cuisant. Les investissements privés ont été insuffisants, le modèle coopératif n'étant pas basé sur l'accumulation des profits.

Railcoop a accumulé les difficultés : elle a d'abord dû suspendre son activité fret sur la ligne Toulouse-Figeac, après avoir perdu près de 4 millions d'euros ; elle était également en procédure avec une société en charge de stocker ses rames qui lui réclamait des frais de parking. Le manque de financement et l'accumulation de dettes ont abouti à sa liquidation[1].

Cet échec ne signifie pas qu'il est impossible pour une coopérative, de faire circuler des trains. Mais les difficultés sont importantes pour un nouvel entrant, d'autant plus s'il fonctionne sur un modèle alternatif, de s'insérer dans un marché avec d'importantes barrières financières à l'entrée. C'est pourtant ce vers quoi nous devrions tendre, plutôt que de laisser le champ libre aux entreprises privées à but lucratif dont l'intérêt principal est l'enrichissement.

1 Lorène Lavocat, « Liquidation de Railcoop, les raisons d'un échec », *Reporterre*, mars 2024 : <https://reporterre.net/Liquidation-de-Railcoop-les-raisons-d-un-echec>.

Les résultats de l'ouverture à la concurrence en Allemagne et au Royaume-Uni

Certains pays européens comme l'Allemagne et le Royaume-Uni, ont décidé d'ouvrir à la concurrence plus tôt, dès les années 1990. Ces deux pays n'ont pas du tout ouvert à la concurrence de la même manière, l'Allemagne privilégiant des investissements massifs pour construire de nouvelles infrastructures, quand le Royaume-Uni a laissé les compagnies complètement indépendantes sans aucune régulation.

En ce qui concerne les prix, ils ont eu tendance à augmenter pour les lignes conventionnées pour les deux pays. En moyenne au Royaume-Uni, de 1994 à 2010, les prix ont augmenté de 27 %. Ceci s'explique en partie par l'absence de régulation étatique.

Concernant la répartition des parts de marché dans les pays européens ayant ouvert à la concurrence, les opérateurs historiques en ont conservé environ 70 %, le reste a été capté par les nouveaux opérateurs. En Allemagne, les parts de marché possédées par la Deutsche Bahn varient énormément en fonction des Länder. Dans les régions proches de Berlin comme le Brandebourg, la Bavière ou la Saxe, elle conserve l'intégralité de l'exploitation du réseau quand elle n'en garde qu'1/4 dans les régions de Schleswig-Holstein ou encore à Bade-Wurtemberg. Un phénomène comparable pourrait se produire en France.

Ainsi, en Allemagne, la Deutsche Bahn a réussi à conserver des revenus financiers équivalents même si elle a perdu une partie de ses parts de marché. L'augmentation de la fréquentation du réseau et donc des rentrées financières, en est l'explication. Pour autant, peut-on attribuer cette hausse de la fréquentation à l'ouverture à la concurrence ? Difficile à dire, puisque l'ouverture a été accompagnée d'investissements ferroviaires massifs en Allemagne, ce qui peut être le facteur déterminant. Entre 1993 et 2006, l'offre de transport a augmenté de 30 % et la demande de 45 %[1].

Au Royaume-Uni la situation inverse s'est produite : de nombreux trains étaient régulièrement supprimés, les sociétés ferroviaires pouvant gérer les dessertes comme bon leur semblait, sans régulation. La gestion a été un tel désastre que le gouvernement a fini par renationaliser et assurer la gestion de certaines lignes, laissées parfois complètement à l'abandon.

Ces variations entre les pays comme l'Allemagne et le Royaume-Uni peuvent s'expliquer par la manière d'ouvrir à la concurrence et par la politique mise en place pour accompagner cette ouverture. Le modèle extrêmement libéral du Royaume-Uni, favorable à la concurrence, a aussi quelque chose à voir avec la politique

1 *Idem.*

ferroviaire qui a été mise en place. Le Royaume-Uni a, depuis, déchanté.

Revenons un peu en arrière sur l'histoire ferroviaire de ces deux pays depuis 1990 et l'ouverture à la concurrence.

En Allemagne après la réunification, les deux sociétés ferroviaires, la Deutsche Bundesbahn et la Deutsche Reichsbahn ont fusionné pour former la société publique ferroviaire que nous connaissons aujourd'hui, la Deutsche Bahn. Son modèle est aujourd'hui proche de la SNCF : comme cette dernière, elle dispose de « filiales » sur les sujets du fret, des gares, du transport de voyageurs longue distance, du transport de voyage au niveau local/des Länder, avec un gestionnaire d'infrastructure dissocié[1].

L'ouverture à la concurrence a été actée dès les années 1990, période durant laquelle l'Allemagne reprend la dette de l'entreprise et supprime le statut de cheminots[2]. Les premiers appels d'offres sont lancés par les Länder, qui sont au nombre de 16 en 1996 et la concurrence sur les lignes à grande vitesse arrive dès l'année 2000[3]. Cette ouverture à la concurrence, à la différence du Royaume-Uni, a été accompagnée d'investissements massifs, de lancement de grands projets ferroviaires (Stuttgart 21,

1 Rafael Lalive, Armin Schmutzler, « Exploring the effects of competition for railway markets », *International Journal of Industrial Organization*, n° 26, Elsevier, 2008, P. 443-458.

2 Pascale Hugues, « La Deutsche Bahn, un modèle pour la SNCF ? », *Le Point*, 2018.

3 Sénat, « Rapport d'information sur la libéralisation du transport ferroviaire dans l'Union européenne », 2009.

désengorgement du nœud ferroviaire de Leipzig, etc.) et de travaux de rénovation.

Au Royaume-Uni c'est aussi très tôt, en 1993, qu'il a été décidé de séparer l'exploitant et le gestionnaire du réseau, d'abord Railtrack, puis Network Rail. L'ouverture à la concurrence a été poussée à son paroxysme : le système a été entièrement privatisé entre 1994 et 1997, la société ferroviaire nationale a été démantelée et le réseau ferroviaire découpé en 16 franchises dont l'exploitation a été répartie entre différentes compagnies. De plus, le matériel roulant est la propriété de loueurs comme ROSCO : cette société va se charger de louer aux compagnies les trains utilisés lors des liaisons.

Les conséquences de cette privatisation sont connues aujourd'hui : augmentation drastique des prix, suppression de trains, manque de régularité, accidents importants liés à la réduction des effectifs dans les trains, etc. Le gouvernement britannique, pour mettre un terme à ces dysfonctionnements a annoncé la création de Great British Railways pour 2023, une société publique chargée de signer les contrats avec les sociétés ferroviaires privées, de fixer les horaires, les prix et les liaisons. En quelque sorte un « garde-fou » dont le rôle est de chapeauter les sociétés ferroviaires pour empêcher la reproduction des dérives du passé. Le Royaume-Uni est le parfait exemple de ce qu'il ne faut absolument pas faire et démontre bien que l'ouverture à la concurrence poussée à son paroxysme, non accompagnée d'investissements et sans surveillance publique, est une catastrophe.

Ainsi, le retour d'expérience des pays européens, comme l'Allemagne et le Royaume-Uni, qui ont ouvert plus précocement leurs marchés ferroviaires, montre que l'ouverture à la concurrence sans contrôle étatique, sans investissement dans le réseau, n'apporte pas d'effet positif, ni sur le nombre de dessertes, ni sur les prix, ni sur la régularité. L'ouverture à la concurrence est un paramètre qui a lui tout seul n'est pas la solution et qui ne s'avère pas non plus une nécessité.

Les limites de l'ouverture à la concurrence

L'ouverture à la concurrence du transport ferroviaire a des limites de plusieurs ordres.

Tout d'abord, les modes d'ouverture à la concurrence. Concernant l'ouverture en libre accès, il est logique de dire qu'une ligne ne peut pas supporter un nombre infini de trains. Les infrastructures ont des limites, surtout lorsqu'elles sont vieillissantes. Ce vieillissement influence donc fortement la vitesse et la régularité des trains : de nombreux problèmes techniques sur ces lignes sont liés à la vétusté. En cause le sous-investissement chronique sur les petites lignes du territoire.

L'ouverture à la concurrence ne permet donc pas d'influer sur les investissements des petites lignes ferroviaires. En effet, pour l'ouverture en accès libre, les opérateurs vont forcément se positionner sur les dessertes les plus rentables (ex. Marseille-Paris) et délaisser d'autres lignes moins fréquentées et donc moins voire non rentables. Pour la concurrence par appels d'offres, les régions pourraient décider d'ouvrir à la concurrence certaines des petites lignes : mais il y a de fortes chances qu'elles ne trouvent pas de candidat comme pour les TET ou alors qu'elles soient obligées de mettre le prix. L'objectif du privé étant la maximisation des profits, cela ne concorde pas avec l'exploitation de lignes déficitaires. Seuls l'État et les collectivités peuvent les financer tant qu'ils le veulent encore. Pour la plupart économiquement peu viables aujourd'hui, elles sont pourtant cruciales pour le désenclavement des territoires : c'est en réalité ces lignes qui permettent les déplacements du quotidien. C'est pour cette raison qu'il est nécessaire de les maintenir et de les moderniser en lançant des travaux massifs. Ces lignes font souvent partie des plus « âgées », ce qui engendre des problèmes techniques et des retards supplémentaires ne permettant pas d'attirer les voyageurs face à l'attractivité de la voiture individuelle. L'exécutif a lancé quelques projets insuffisants autour de la modernisation des petites lignes, sur lesquels nous reviendrons en dernière partie.

Un moyen pouvant être utilisé par les compagnies pour s'insérer dans le marché par le libre accès est de se positionner sur des dessertes proches de lignes fréquentées où les prix des péages ferroviaires[1] sont moins élevés : un exemple phare est le trajet Marseille-Marne-la-Vallée plutôt que Marseille-Paris Gare de Lyon. Pour autant, le positionnement actuel de Ouigo, comme nous l'avons vu précédemment, complique la tâche pour les autres entreprises ferroviaires souhaitant surfer

1 Chaque exploitant ferroviaire doit payer le prix d'un péage au gestionnaire : ce prix varie en fonction des dessertes. Le prix du péage d'une desserte fortement fréquentée (ex. Marseille-Paris) sera plus élevé.

sur la vague du *low-cost* en France, malgré l'annonce de l'arrivée de Kevin Speed.

L'ouverture par appels d'offres a d'autres limites : l'exclusivité de l'exploitation sur une ou plusieurs lignes est attribuée pour une période spécifique et à des conditions définies. Cette concurrence présente donc une forme de stabilité et s'exerce de nouveau à chaque fin de contrat. Reste qu'elle n'est que peu réelle lors de l'exécution du contrat puisqu'il n'y a qu'un seul opérateur sur la ligne. L'offre peut plus difficilement être modifiée pour s'adapter à la demande. Les marges de manœuvre des régions peuvent donc être réduites, à moins de les avoir inscrites dans le contrat. Toutefois, rompre un contrat pour des raisons de non-respect des conditions n'est pas sans conséquence pour les circulations des trains régionaux, ou des TET.

Enfin, les entreprises ferroviaires préféreront s'insérer sur les lignes les plus rentables, comme cela est de nouveau prouvé en France par le positionnement de la RENFE et de Trenitalia, sur le tronçon Paris-Lyon-Marseille. Cette multiplication des acteurs peut causer des problèmes de coordination entre les offres des différentes entreprises : écarts dans les prix, problème d'organisation dans les correspondances… L'absence de logique commune peut engendrer une instabilité dans les offres, les entreprises l'ajustant en fonction de la rentabilité des horaires par exemple[1].

---

1 Sénat, « La libéralisation des transports ferroviaires dans l'Union européenne », 2008-2009 : <https://www.senat.fr/rap/r08-220/r08-2207.html>.

Le train est-il devenu un transport de riche ?

Le train est un mode de transport très régulièrement considéré comme cher. L'ouverture à la concurrence doit, selon ses promoteurs, avoir des effets sur les prix. Il est important de comprendre les coûts qui se cachent derrière un billet de train, pour affirmer, une nouvelle fois, l'incapacité de l'ouverture à la concurrence prise isolément à endiguer les augmentations de tarifs. Derrière le prix d'un billet, se cache à la fois le paiement des péages ferroviaires, et le modèle de tarification d'ajustement de l'offre et la demande (le *yield management*).

Le système du *yield management*

Commençons par expliquer ce qu'est le *yield management* et la manière dont sont fixés, au travers de ce système, les prix des trains SNCF.

Le *yield management* est une pratique commerciale consistant à ajuster les prix en fonction de l'offre et de la demande, en temps réel. Les lignes les plus fréquentées sont donc les plus chères. Les prix vont également varier en fonction des heures creuses, de pointe, et des périodes dans la semaine, toujours du fait de l'ajustement de la demande. Ce qui peut être frustrant pour les passagers c'est de se rendre compte qu'ils n'ont pas payé le même prix pour un même billet. Ainsi, vous pouvez consulter les prix pour un trajet à un instant T, les consulter de nouveau quelques jours/semaines après et constater une augmentation.

Ce système permet ainsi d'inciter les potentiels voyageurs à planifier plus tôt leurs voyages, et ainsi s'assurer bien en amont d'un taux de remplissage suffisant. Toutefois, la réalisation d'études pour observer les habitudes des voyageurs de manière anonyme, les taux de fréquentation des lignes, sur une ou plusieurs années, pourrait suffire à anticiper correctement les flux.

Une autre solution pouvant être utilisée par les voyageurs est l'achat de cartes avantages, permettant de disposer de prix plafonnés, sur lesquelles la SNCF propose régulièrement des offres.

Les péages ferroviaires

40 % du prix des billets TGV correspond à la part des péages ferroviaires, que doivent s'acquitter les opérateurs ferroviaires : il s'agit du paiement d'un droit d'emprunter les infrastructures. Ce coût est donc payé par le voyageur. Les montants de ces péages sont fixés par l'État (via SNCF Réseau) et varient en fonction des lignes. Si elles sont très fréquentées, en fonction de leur typologie (ligne TGV/ligne TER) et si elles nécessitent une maintenance plus importante, les prix des péages seront plus élevés, et inversement. Les péages des lignes « alternatives » aux lignes très fréquentées (exemple : Marseille-Marne-la-Vallée/Marseille-Paris) sont moins élevés, ce qui explique la capacité de Ouigo à proposer des prix moins élevés sur ces types de trajet.

Les péages ferroviaires français sont parmi les plus élevés en Europe et devraient encore augmenter dans les prochaines années : + 7,6 % en 2024, + 4 % en 2025 et 2026[1]. Plusieurs régions ont contesté auprès du Conseil d'État l'augmentation des péages ferroviaires de 8 % sur leurs réseaux régionaux. Elles ont obtenu gain de cause et SNCF Réseau doit désormais proposer une nouvelle tarification[2].

1 Public Sénat, « Pourquoi les prix des billets de train continuent-ils d'augmenter ? », 2023 : <https://www.publicsenat.fr/actualites/territoires/pourquoi-les-prix-des-billets-de-train-continuent-ils-daugmenter>.

2 France Info, « Péages ferroviaires, le Conseil d'État demande à SNCF Réseau de revoir la fixation de sa redevance pour les régions », mars 2024 : <https://www.francetvinfo.fr/economie/transports/sncf/peages-ferroviaires-le-conseil-d-etat-demande-a-sncf-reseau-de-revoir-

Le coût des péages pèse donc aujourd'hui énormément dans le tarif du billet de train, ce qui va aller en s'accentuant du fait du vieillissement important du réseau et de la nécessité d'y investir massivement. En effet, les péages permettent à SNCF Réseau de financer les coûts de maintenance, de modernisation et de rénovation du réseau ferroviaire. L'achat de billets de train contribue donc au maintien et à la rénovation du réseau. Ce coût est porté par les usagers.

Est-ce que de tels coûts existent pour les autres modes de transport ? C'est bien le cas pour la voiture individuelle au travers des péages autoroutiers et également du paiement de la TICPE (taxe intérieure de consommation sur les produits énergétiques). Pour l'avion, les transporteurs paient également la taxe d'aviation civile et des redevances aéroportuaires, représentant environ 26 % du billet d'avion, en moyenne, pour une compagnie comme Ryanair[1].

Toutefois, il y a quelques déséquilibres entre les taxes payées par les différents modes de transports : d'abord, sur la TVA alors que les billets de train y sont assujettis, ce n'est pas le cas des billets d'avion pour des vols internationaux. Ensuite, alors que les compagnies ferroviaires s'acquittent d'une taxe sur l'énergie et l'essence, les compagnies aériennes ne payent à ce jour aucune taxe sur le kérosène. Une première solution pourrait être de baisser la TVA à 5,5 % sur les billets de train.

---

la-fixation-de-sa-redevance-pour-les-regions_6406090.html>.

1 Charles Plantade, Jean-Yves Guérin, « Mais pourquoi les billets de train sont-ils si chers ? », *Le Figaro*, 2023 : <https://www.lefigaro.fr/societes/mais-pourquoi-les-billets-de-train-sont-ils-si-chers-20230701>.

Le train est-il réellement plus cher que la voiture ?

L'INSEE publie régulièrement des données sur la variation des prix des trains. L'institut a ainsi constaté une augmentation des prix de 12 %, entre 2021 et 2022, puis une augmentation de 5 % en 2023 sur les billets TGV et TET. La SNCF justifie cette dernière augmentation par la hausse des prix de l'électricité : en effet, 82 % de la consommation d'énergie de la SNCF sert à faire rouler des trains. Bien que ces hausses soient difficilement entendables pour les voyageurs, le fond du problème reste le maintien de la France dans le marché de l'électricité européen, qui engendre des hausses importantes des coûts de l'énergie, pour les entreprises, mais aussi les collectivités.

Au-delà de l'augmentation des coûts de l'électricité, les prix des TGV sont plus élevés que ceux des TER/TET du fait des coûts d'exploitation et de maintenance. Selon la Cour des comptes[1], ceux qui empruntent régulièrement ces lignes font partie des catégories ayant des hauts revenus. Alors, le train, en comparaison avec la voiture, est-il réellement plus cher ?

À contre-courant de l'idée générale, les prix des trains en France n'apparaissent pas si élevés, en comparaison avec les autres pays européens. Une étude menée par GoEuro, qui vend des billets de transport en ligne,

---

1 Cour des comptes, « La grande vitesse ferroviaire, un modèle porté au-delà de sa pertinence », 2014 : <https://www.ccomptes.fr/fr/publications/la-grande-vitesse-ferroviaire-un-modele-porte-au-dela-de-sa-pertinence>.

révèle que les prix des billets en France sont plutôt bas, prenant en considération qu'une grande partie des billets concerne des trajets TGV. Le prix moyen en France pour 100 kilomètres serait de 7,80 euros, quand il est de 29,70 euros au Danemark, 28,60 euros en Suisse ou encore 24 euros en Autriche[1].

Toutefois, même si nous faisons le constat que les prix moyens en France sont moins élevés qu'ailleurs, ils restent aujourd'hui dissuasifs pour un certain nombre de Français, quand on compare les frais à débourser pour un trajet en train ou en voiture. En effet, lorsque l'on prend le train l'intégralité des coûts est comprise dans le billet. Ce n'est pas tout à fait le cas de la voiture. Les coûts pris en considération pour un trajet donné seront principalement l'essence et les péages. Pour autant, pour pouvoir réellement comparer le coût entre ces deux modes de transport, il faut aussi y intégrer les frais cachés. Par exemple pour la voiture, les frais d'assurance, son prix d'achat, les frais d'entretien, ou encore, et ce coût est plus difficile à chiffrer, celui que va supporter la société, le coût des externalités négatives (pollution, particules, accidents, etc.).

La comparaison entre la voiture et le train va aussi varier en fonction du nombre de passagers. Prendre la voiture plutôt que le train, quand on est une famille, apparaît nécessairement moins cher et plus pratique.

Il faut bien sûr souligner le fait qu'au-delà de la question des coûts, les voyageurs peuvent préférer la voiture

---

1 Rapport au Premier ministre, « L'avenir du transport ferroviaire », février 2018, <https://www.ecologie.gouv.fr/sites/default/files/2018.02.15_Rapport-Avenir-du-transport-ferroviaire.pdf>.

au train, tout simplement car ils ne disposent pas d'une gare à proximité permettant de réaliser le trajet souhaité. Parfois, ce choix est donc contraint.

Certains voyageurs choisissent souvent l'avion au détriment des trains par rapport au prix. Bien que la loi Climat et Résilience de 2021 prévoit la suppression des vols internes lorsqu'une alternative de deux heures trente existe, cette interdiction est partiellement mise en œuvre. En effet, certaines liaisons bénéficient de dérogation et des lignes ferroviaires comme Marseille-Paris vont au-delà du délai fixé de 2 h 30. Les prix plus bas de certains vols internes qui ne respectent pas cette réglementation s'expliquent par l'absence de taxe sur le kérosène, à la différence de l'électricité. La TVA reste applicable sur les vols internes, mais ne l'est pas sur les vols internationaux.

Quelles solutions ?

Pour garantir des prix plus attractifs pour les trains et garantir le droit aux vacances de toutes et tous, plusieurs options peuvent être envisagées.

La baisse du tarif des péages ferroviaires est une proposition, mais elle reste compliquée à appliquer puisqu'ils permettent de financer la rénovation du réseau. Peut-être faudrait-il que ces frais ne soient pas totalement imputables aux usagers. Une autre proposition, portée par Philippe Tabarot, sénateur des Alpes-Maritimes, est de baisser la TVA sur les billets de train à 5,5 %. Toutefois, une baisse des prix des péages nécessite forcément de trouver des financements compensatoires pour les affecter à la modernisation/rénovation du réseau. Au-delà de la baisse des prix des péages, ce sont éventuellement les financements affectés à la rénovation/modernisation du réseau qui sont à repenser, comme le prône Hervé Maurey, sénateur de l'Eure[1].

Sur le droit aux vacances, l'article 24 de la Déclaration universelle des droits de l'Homme, indique que « toute personne a droit au repos et aux loisirs et notamment à une limitation raisonnable de la durée de travail et des congés payés périodiques ». En lien avec le transport ferroviaire, plusieurs leviers d'actions peuvent être activés. D'abord, la mise en œuvre de tarifs préférentiels sur les trajets en train pendant les périodes de vacances et de grandes vacances. En France, le gouvernement a décidé de proposer une offre aux moins de 27 ans, permettant de voyager en TER en illimité cet été (en 2024), grâce à un pass rail au prix de 49 euros. Cette offre exclut les trajets en TGV. L'Allemagne a expérimenté un tel dispositif à l'été 2022, mais au prix de 9 euros et incluant tous les types de population et pas uniquement les jeunes. La Fondation Jean-Jaurès suggère également de pouvoir proposer un aller-retour en TGV pour la somme modique de 20 euros, pour garantir ce droit aux vacances[2].

1 Sénat, commission des Finances, « Comment remettre la SNCF sur les rails ? » : <https://www.senat.fr/rap/r21-570/r21-570-syn.pdf>.

2 Fondation Jean-Jaurès, « Vers la vie pleine, réenchanter les vacances au XXIe siècle », 2023 : <https://www.jean-jaures.org/wp-content/uploads/2023/06/vie-pleine.pdf>.

Autre proposition intéressante de la Fondation : permettre aux régions qui disposent en partie de la compétence tourisme de développer des offres de mobilité desservant les zones touristiques, dans sa région ou vers les régions environnantes. Elles consigneraient leurs stratégies dans un volet « mobilité et accès aux zones touristiques » dans leurs schémas centraux d'aménagements du territoire et des transports[1]. Dans ces offres, le train prendrait toute sa place.

Enfin, pour favoriser le train au détriment de l'avion et dans une perspective écologique et égalitaire, la loi de 2021 doit être applicable sur toutes les liaisons pertinentes sur le territoire national et le kérosène doit être taxé au même titre que l'électricité.

Ainsi, même si les prix des billets de train français semblent moins élevés par rapport à nos voisins, ils restent toujours trop dissuasifs pour certaines catégories de la population et les familles notamment face à la voiture individuelle et parfois à l'avion. Il faut donc à la fois :

Repenser le système de tarification des péages et faire peser leur coût sur l'ensemble des acteurs et non pas uniquement sur les usagers ;

Réfléchir à une vraie politique publique nationale permettant de garantir le droit aux vacances ;

1 *Idem.*

Appliquer concrètement la loi de 2021, sans dérogation injustifiée, en menant une étude sur l'entièreté du territoire pour étudier les principales liaisons et les alternatives.

Partie V
Pour une politique publique ambitieuse du transport ferroviaire

Pour pouvoir répondre aux enjeux de réduction des émissions de gaz à effet de serre, les politiques publiques du transport ferroviaire doivent radicalement changer. Au-delà de la transition écologique, elles doivent poursuivre un autre enjeu : permettre à toutes et tous, de disposer d'une alternative à la voiture individuelle pour se déplacer ; que ce soit pour les trajets du quotidien comme pour les vacances. Cette alternative doit bien évidemment être proposée à des coûts raisonnables pour favoriser le report modal de la voiture et l'avion vers le train. Les enjeux sont donc écologiques, mais aussi sociaux.

Cette dernière partie va se focaliser sur les leviers qui se présentent à nous pour enclencher cette dynamique. Nous devons penser une autre politique publique pour le ferroviaire, au risque, en cas d'inaction, de le laisser mourir.

Première rupture

ALLER AU PLUS PRÈS DES TERRITOIRES AVEC LES PETITES LIGNES FERROVIAIRES ET INVESTIR DANS LA RÉNOVATION ET LA MODERNISATION DU RÉSEAU

La première solution est très simple : rénover, moderniser le réseau. Nous l'avons évoqué à plusieurs reprises : si l'on veut redynamiser le train et susciter l'intérêt des voyageurs et des entreprises, il faut que le réseau soit en bon état pour répondre aux enjeux de qualité de service et de régularité.

Pour redynamiser le fret, un rapport sénatorial de 2022[1] estime qu'il faudrait investir 10 milliards d'euros à horizon 2030. En comparaison, Alliance 4F pense qu'il est nécessaire d'investir 12 milliards d'euros sur la période 2025-2030 pour maintenir le réseau, les grands axes et les lignes capillaires, augmenter les capacités de

1 Sénat, commission des Finances, « Comment remettre la SNCF sur rail ? », 2022 : <https://www.senat.fr/fileadmin/Fichiers/Images/commission/finances/Rapports_provisoires/Rapport_SNCF_-_Version_provisoire.pdf>.

circulation et moderniser/créer de nouveaux terminaux et gares de triage.

Au-delà des lignes capillaires pour le fret et les petites lignes du territoire, il faut penser également aux diverses infrastructures du réseau (tunnels, gares de triage, embranchements de ports, terminaux, installations terminales embranchées (ITE)) permettant de desservir les ports/entrepôts/usines/zones industrielles. Investir dans les ITE pourrait permettre de transporter les marchandises, dès réception, par train.

Les types de marchandises transportés par le fret ont évolué : il est donc fort probable que les potentiels nouveaux clients aient des besoins différents et délaissent les trains entiers. D'où la nécessité de développer l'offre autour du wagon isolé et donc d'investir dans les gares de triage. Pour illustrer le sous-investissement massif ces dernières années dans ces infrastructures, l'exemple de la gare de triage de Miramas est significatif : alors qu'y étaient triés environ 14 000 wagons par mois en 2009, ils ne sont plus que 5 200 en moyenne aujourd'hui (2022)[1]. Les collectivités et les élus peinent à trouver et à obtenir des financements permettant de rénover cette gare de triage.

L'État français a annoncé le 24 février 2023 que 100 milliards d'euros seraient consacrés au transport ferroviaire d'ici 2040 dans le cadre du plan d'avenir pour les transports. Toutefois, la répartition des financements n'est pas encore parfaitement connue : une grande

1 Rapport du comité central du groupe public ferroviaire, « Liquider Fret SNCF, nuit gravement au climat ».

partie sera investie dans les « RER métropolitains[1] », 800 millions sur la période 2023-2027. Dans ce même plan, pour le fret, la puissance publique s'est engagée à y consacrer 500 millions d'euros sur la période 2023-2027. Le cofinancement des collectivités permettrait d'atteindre 2 milliards. Cela ne semble pas suffisant au regard des estimations des acteurs du secteur. L'espoir de doubler la part modale du transport de marchandises d'ici 2030 semble encore davantage s'éloigner.

Pour permettre le démarrage des travaux de rénovation, l'alliance 4F a développé ce qu'elle appelle des projets « petits investissements grands effets », nécessitant des financements de moins d'un million d'euros. Ils partent d'un besoin, par exemple d'un client qui souhaite opérer un report modal[2].

Pour le transport voyageurs, l'État pêche également sur le financement et l'entretien des petites lignes du territoire. Un rapport sénatorial publié en 2022[3] souligne que le sous-investissement public sur ce sujet ne permettra pas d'atteindre les objectifs pour 2028, fixés par le rapport Philizot. Le sujet des petites lignes est pourtant crucial car elles offrent des alternatives aux trajets en voiture.

---

1 Anne Lenormand, « Élisabeth Borne annonce une nouvelle donne ferroviaire, de 100 milliards d'euros », Banques des Territoires, 2023 : <https://www.banquedesterritoires.fr/infrastructures-elisabeth-borne-annonce-une-nouvelle-donne-ferroviaire-de-100-milliards-deuros-dici>.

2 « Plan de transformation de l'économie française : Focus sur le fret », The Shift Project : <https://theshiftproject.org/focus-sur-le-fret/>.

3 Sénat, commission des Finances, « Comment remettre la SNCF sur rail ? », 2022 : <https://www.senat.fr/fileadmin/Fichiers/Images/commission/finances/Rapports_provisoires/Rapport_SNCF_-_Version_provisoire.pdf>.

Elles restent toutefois sous-utilisées car peu attractives, souvent en retard, avec peu de fréquence. Ces petites lignes doivent être pensées selon une vision d'ensemble : une réelle stratégie doit être mise en place, pour les rénover, pour les intégrer dans un parcours multimodal, en les connectant aux autres modes de transports. Ces lignes doivent desservir les petites et grandes métropoles d'une région, mais également, les zones d'emploi. Les trajets quotidiens en voiture sur un périmètre donné doivent être étudiés pour pouvoir proposer des trajets alternatifs pour les déplacements du quotidien.

On ne peut pas totalement dire que l'État n'investit pas sur le secteur ferroviaire mais les financements sont toutefois insuffisants. De nombreux montants sont laissés à la charge des régions et, surtout, on ne peut que constater une disparité entre les secteurs fret et voyageurs. Le fret est clairement délaissé malgré son aspect stratégique.

Pour conclure, s'il y a des actions à entreprendre de manière prioritaire, elles doivent porter sur la rénovation et la modernisation des infrastructures existantes.

Proposition 1 : investir massivement dans la rénovation du réseau ferroviaire (fret et voyageurs).

Proposition 2 : identifier les rénovations prioritaires sur les axes ferroviaires et établir une réelle stratégie de rénovation des infrastructures existantes sur une décennie.

Deuxième Rupture

INVESTIR MASSIVEMENT DANS DE NOUVEAUX PROJETS D'INFRASTRUCTURES, POUR DÉSENCLAVER LES TERRITOIRES ET DÉSENGORGER LES NŒUDS FERROVIAIRES

Au-delà du réseau actuel et de sa modernisation, il faut également pouvoir l'enrichir, développer des solutions de contournement autour des grands nœuds ferroviaires et créer de nouvelles lignes pour mieux desservir les territoires. Les nœuds ferroviaires actuels, généralement autour des grandes métropoles françaises, sont des goulots d'étranglement, ce qui peut entraîner des retards et empêcher l'augmentation des offres ferroviaires.

De tels projets sont coûteux et souvent dénoncés, paradoxalement, pour leur empreinte écologique comme le Lyon-Turin. Ce projet est estimé à un montant de 18 milliards selon le Comité pour la Transalpine. Ses opposants évoquent plutôt un montant de 26 milliards. Pourtant, ce projet permettra de doubler le nombre de marchandises transportées, de 6 à 40 millions de tonnes. Les arguments contre sont entendables. Pour autant, si l'objectif est d'augmenter la part modale du ferroviaire au détriment de la route, il faut assumer qu'il n'y a pas d'autre possibilité. Il faut pouvoir créer des infrastructures suffisantes pour le transport de marchandises et donner de nouvelles alternatives aux voyageurs pour qu'ils puissent envisager différemment leurs déplacements. Il faut davantage questionner l'utilité des nouveaux projets routiers et de lignes aériennes et envisager des alternatives ferroviaires. Les citoyens grâce aux consultations publiques, doivent prendre toute leur part dans ces projets.

Il faut également pouvoir penser et anticiper les grands projets d'infrastructures pour désengorger les nœuds ferroviaires : par exemple le projet de ligne Nouvelle Provence-Alpes-Côte d'Azur. Ce projet comprend deux phases : la première consiste en des doublements de voies, des aménagements dans plusieurs gares, ou encore la création d'une nouvelle gare à Nice-aéroport. La mise en service est prévue pour 2030. La deuxième phase débutera en 2027-2028, avec la création d'une extension à la gare Saint-Charles, le réaménagement de voies supplémentaires, la création d'une nouvelle gare à Cannes[1]. Pour les 2 premières phases, le coût est estimé à 3,5 milliards et est pris en charge en partie par l'État, l'Union européenne et les collectivités concernées. Deux autres phases sont prévues mais elles n'ont pas encore été portées à l'attention du public. Ces travaux permettront d'augmenter de 66 % l'offre

1 Pour en savoir plus sur le projet de LNPCA : <https://www.lignenouvelle-provencecotedazur.fr/sites/lnpca.fr/files/2023-09/20230419_SNCFR_LNPCA_carte.jpg>.

de TER dans la région selon la SNCF et d'opérer un report modal de 62 % de la route vers le train.

Ces types de projets doivent être anticipés car ils sont très coûteux et les études d'impact et enquêtes publiques sont longues. Le dialogue social est évidemment nécessaire pour minimiser le plus possible les effets négatifs auprès des populations, notamment limitrophes des aménagements.

Enfin, pour le fret il est évident qu'il faut pouvoir créer davantage de zones de triage, au-delà de la rénovation des existantes, surtout si la stratégie mise majoritairement sur le wagon isolé. Il faut également construire des plateformes multimodales et des ITE, dans les ports, les grandes zones industrielles pour permettre, dès le premier kilomètre, aux marchandises d'être transportées par le train. Ces travaux auront un coût, mais les apports à long terme de ces investissements sont évidents.

Proposition 3 : développer des projets ferroviaires permettant de désengorger les grands nœuds (principalement autour des grandes villes comme Marseille/Paris/Lyon) et ainsi enrichir l'offre de transports.

Proposition 4 : investir massivement dans la construction de nouvelles lignes et de nouvelles infrastructures pour dynamiser l'offre fret (gares de triage/ITE, etc.).

Troisième rupture

Repenser les connexions entre les modes de transports

Le moyen de rendre le ferroviaire plus efficace est de mieux le connecter avec les autres moyens de transport existants, par le développement de l'intermodalité. Il s'agit de « l'utilisation de plusieurs modes de transport au cours d'un même trajet, pour les marchandises ou les voyageurs[1] ».

Il s'agit de sortir d'une logique en silo et penser la connexion entre les modes de transport, à la fois pour le transport de voyageurs, mais aussi pour la logistique et l'acheminement des marchandises.

Pour que l'intermodalité soit efficace, la connexion entre les différents modes de transport doit être optimisée, que ce soit en termes de durée ou de coûts (par exemple pour le transport des voyageurs, en instaurant des abonnements, comme un pass multi-transports sur une zone donnée) pour que ce soit plus attractif que

1 Larousse, intermodalité : <https://www.larousse.fr/dictionnaires/francais/intermodalit%C3%A9/10910234>.

l'utilisation de la voiture individuelle. Enfin, il s'agit de faire la promotion de ces parcours intermodaux auprès des voyageurs grâce aux applications de transport. L'ancien ministre délégué aux Transports, Clément Beaune, avait indiqué qu'il réfléchissait à une nouvelle forme d'abonnement en s'avouant plus intéressé par la formule testée en Espagne – la gratuité après un certain nombre de trajets – que par le billet à 9 euros expérimenté à l'été 2022 en Allemagne. Une première expérience aura lieu en France cet été, à un tarif de 49 euros, mais uniquement pour les trajets en TER. Les résultats de ce test pourront permettre d'aller potentiellement plus loin dans les prochaines années et d'observer les effets sur le report modal. Il faut toutefois souligner que la mesure ne concerne que les jeunes (parfois non-véhiculés) et est valable uniquement sur les TER : ainsi, les effets sur le report modal pourraient être moindres qu'escomptés.

Ces abonnements pourraient être développés à la fois au niveau national en assurant une cohérence entre TER/TGV, mais aussi au niveau des régions qui disposent de la compétence transport. Ces dernières ayant la main sur leur périmètre sur l'ensemble des moyens de transport, c'est à elles que reviendra cette tâche, proposant à ses habitants d'effectuer leurs trajets de plusieurs manières différentes. Les mobilités douces, tout comme l'autopartage et le covoiturage doivent également pouvoir être incluses dans les transports concernés, mais nécessitent que les régions développent les infrastructures adéquates (zones et pistes cyclables, parkings pour vélos, etc.).

Le développement de plateformes multimodales doit également être une priorité pour le fret, notamment dans les ports pour combiner transport maritime et transport ferroviaire. Le Shift Project préconise la création d'un nombre suffisant de plateformes pour permettre l'augmentation du transport combiné rail-route et fluvial-rail. C'est notamment ce qui a été fait au port du Havre en 2015 dont le président réclame une nouvelle extension du fait de son succès ou encore entre le transport routier et le transport ferroviaire pour accéder aux grandes plateformes logistiques. À titre d'exemple, en 2010 et selon un rapport d'information sénatorial, la part du transport intermodal entre les transports maritime et ferroviaire au port de Hambourg est de 40 % : en France, cette part représente 1 à 5 %[1]. Comme évoqué également précédemment, les installations terminales embranchées (ITE) existantes doivent être remises en état pour pouvoir desservir le maximum de zones possible. Ces ITE étaient au nombre de 12 000 en 1980. En 2020 nous n'en comptons plus que 1 700 utilisables[2] du fait d'une dégradation extrême de ces installations par manque d'entretien.

Le développement de l'intermodalité va nécessairement entraîner une adaptation du matériel roulant et davantage de manutention pour les opérations de

1 Sénat, « Avenir du fret ferroviaire, comment sortir de l'impasse ? », 2010.

2 Alliance 4F, « Le fret ferroviaire pour concilier relance économique et écologie », 2020 : <https://www.fret4f.fr/wp-content/uploads/2020/06/4f-rapport.pdf>.

transbordement[1]. Une manière de réduire les effets de bord de ces opérations est par exemple la généralisation de la conteneurisation ou le transport de remorques ou de camions entiers, comme c'est déjà le cas sur l'autoroute ferroviaire alpine[2].

Enfin, sur l'interconnexion en Europe, le projet multimodal RTE-T (dont l'objectif est le développement d'un réseau ferroviaire européen) adopté en 1996 est intéressant : son objectif est d'approfondir et de faciliter la connectivité entre les transports européens (routier, ferroviaire, maritime) en reliant 424 villes du territoire. Ce projet devrait bénéficier à la fois au transport de voyageurs et de marchandises. Le planning suivant a été adopté : dès 2030, doit être achevé ce que l'Union appelle le réseau central. Ce dernier est composé de neuf grands corridors, identifiés comme principaux sur le territoire. En 2040, c'est le réseau central dit étendu qui devra être finalisé, comprenant de nouvelles lignes ferroviaires comme celles entre Porto et Vigo ou entre Budapest et Bucarest. Enfin, le réseau global devra être finalisé d'ici 2050.

Le projet RTE-T est très important, et c'est dans ce cadre que l'Union européenne trouve tout son intérêt dans le domaine des transports pour faciliter à une échelle plus étendue, le transport ferroviaire et offrir une alternative à l'avion. Toutefois, on peut regretter le fait que les discussions autour de ce projet

1 Passage des marchandises d'un mode de transport à un autre.

2 The Shift Project, « Plan de transformation de l'économie française : Focus sur le fret », *op. cit.*

aient énormément duré. Un glissement du planning est également fort probable. Les coûts sont aussi non-négligeables.

Proposition 5 : développer les offres intermodales au niveau régional et au niveau national pour les trajets de type « vacances » et domicile-travail.

Proposition 6 : développer les infrastructures permettant de favoriser l'intermodalité. Que ce soit pour le transport de voyageurs avec l'inclusion des transports doux, et pour le transport de marchandises avec la création de plateformes permettant de connecter fluvial, routier et ferroviaire.

Quatrième rupture

Mettre fin à la concurrence déloyale

Le ferroviaire subit la concurrence déloyale de la route. Outre les améliorations et la modernisation du réseau, il faut que le gouvernement mette en place des actions pour la supprimer.

D'abord, il faut sortir de la logique de taxation du carburant, qui ne produit pas suffisamment d'effet. Les rapports proposent la mise en place d'une taxe kilométrique en remplacement, qui concernerait uniquement les poids lourds, permettant de faire payer au transport routier les externalités qu'il engendre et de durcir la réglementation sur les circulations. La mise en œuvre d'une écotaxe reste également une option malgré l'échec précédent de sa mise en œuvre : le rapport sénatorial de 2023 propose d'établir cette taxe à un tarif de 3 centimes par tonne et par kilomètre. Comme dans d'autres pays européens, la France pourrait également durcir les conditions de circulation des camions[1].

---

1 Pour en savoir plus voir : « Rapport d'information du Sénat de 2010 » et « Rapport de la commission d'enquête du Sénat de 2023 ».

Proposition 7 : mettre fin à la concurrence déloyale de la route, en changeant le mode de taxation actuel, en remplaçant la TICPE par une écotaxe permettant à la route de payer à la société ses externalités négatives en matière écologique.

Proposition 8 : durcir les conditions de circulation des poids lourds en France en prenant exemple sur les autres pays européens : restreindre les horaires de circulation, réduire la vitesse maximum autorisée.

Cinquième rupture

REDONNER SON ASPECT STRATÉGIQUE AU FRET

Le fret pourrait être au cœur de l'enjeu de la réindustrialisation de la France. Dans le cadre des politiques de réindustrialisation décidées par le gouvernement, le fret doit être le mode de transport privilégié. Il faut pouvoir repenser l'implantation des industries, en lien avec le développement et l'implantation des infrastructures de transport ferroviaire.

Le fret pourrait être rendu obligatoire pour le transport de produits et matériaux stratégiques, dangereux, répondant à des besoins sociaux essentiels nécessitant d'être maîtrisé par l'État[1]. L'intérêt du fret, du fait de sa résilience en cas de crise, a largement été prouvé lors de la crise de la Covid-19, en permettant d'acheminer

1 CGT, « La défense et le développement du transport public de marchandises par le rail est un enjeu crucial », octobre 2023 : <https://www.cgt.fr/actualites/transport/environnement/la-defense-et-le-developpement-du-transport-public-de-marchandises-par-le-rail-est-un-enjeu-crucial>.

les marchandises répondant à des besoins vitaux et les produits pharmaceutiques.

PROPOSITION 9 : obliger certaines marchandises d'ordre stratégique ou répondant à des besoins sociaux essentiels (ex. alimentaire, marchandises non-périssables) à être transportées par train. Pour être applicable, cette proposition nécessite une rénovation du réseau et la création de nouvelles infrastructures.

PROPOSITION 10 : penser la politique de réindustrialisation de la France, en lien avec le fret ferroviaire.

Sixième rupture

INNOVER POUR REDYNAMISER LE FERROVIAIRE

Au-delà de la rénovation et du développement du réseau, certaines technologies et innovations peuvent être utilisées pour redynamiser le ferroviaire et lui redonner son attrait.

Le numérique peut être un atout pour améliorer la qualité de service du transport ferroviaire. L'Alliance 4F propose de créer un service numérique permettant aux clients de connaître en temps réel, pour les marchandises, les capacités des trains ou encore le déplacement des marchandises. L'utilisation de l'intelligence artificielle, toujours accompagnée d'un suivi humain, pourrait faciliter l'analyse de données anonymisées sur les flux pour pouvoir les prédire au mieux[1]. Elle pourrait également permettre la mise en place d'une maintenance prédictive des trains.

1 Alliance 4F, « Les propositions de l'Alliance 4F pour doubler la part du marché fret ferroviaire en 2030 », 2020 : <https://www.fret4f.fr/wp-content/uploads/2020/06/4f-rapport.pdf>.

Pour redonner son attractivité au ferroviaire, il faut lui permettre de répondre aux enjeux contemporains. Pour ce faire de nouveaux concepts sont en cours d'expérimentation.

D'abord, le TGV M développé par la SNCF : ce nouveau train permettra de réaliser 20 % d'économies d'énergie par rapport à un train classique grâce à une amélioration de son aérodynamisme. Il permettra également de transporter 20 % de passagers supplémentaires et sera plus facilement modulable. Les premières circulations sont prévues pour 2025 sur la ligne Paris-Lyon-Marseille[1].

D'autres concepts sont en cours d'expérimentation, notamment sur les petites lignes du territoire, pour maintenir les circulations de ces trains tout en réduisant les coûts d'exploitation et de maintenance. Des expérimentations avec des trains dits « très légers » sont en cours : d'abord le projet Flexy, en test en Bourgogne-Franche-Comté depuis 2024. Ce « train » peut à la fois rouler sur les infrastructures ferroviaires et sur la route, sur des distances de 10 à 30 km. Il permettrait d'assurer les dessertes très fines, les derniers kilomètres vers des villes, villages et zones d'habitation. L'autre projet s'intitule Daisy, et ce train peut transporter jusqu'à 80 voyageurs sur des lignes ou des portions de lignes de moins de 100 kilomètres. Sa masse étant réduite les infrastructures seront moins sollicitées, permettant ainsi de réduire les coûts de maintenance des voies.

1 SNCF, « Modulaire, recyclable et 100 % connecté : le TGV M » : <https://www.sncf.com/fr/innovation-developpement/innovation-recherche/decouvrez-le-tgv-m>.

Une expérimentation sera prochainement lancée. Un autre concept de train léger est en cours, le train léger innovant, dont l'impact sur les voies sera également réduit[1].

PROPOSITION 11 : utiliser le numérique et l'intelligence artificielle pour améliorer la qualité de service et la maintenance.

PROPOSITION 12 : poursuivre les investissements dans l'innovation ferroviaire pour affiner les technologies, permettant de réduire la consommation d'énergie et les émissions de gaz à effet de serre, tout en répondant aux besoins de la population.

---

1 SNCF, « Mobilités pour tous dans les territoires » : <https://www.sncf.com/fr/innovation-developpement/innovation-recherche/mobilite-pour-tous-dans-les-territoires>.

Conclusion

Le transport ferroviaire est à la croisée des chemins. Des choix exigeants vont devoir être faits, sans quoi, son attractivité continuera à baisser au profit de reports modaux massifs vers la voiture et l'avion. Dans un contexte de nécessaire transition écologique, un tel scénario est inenvisageable. Le transport ferroviaire apparaît comme une alternative permettant de réduire considérablement les émissions de gaz à effet de serre liées aux transports et aux flux de marchandises.

Pourtant, l'ouverture à la concurrence du fret et du transport voyageurs, imposée par Bruxelles, semble contre-productive au développement de ce secteur et ne permettra pas d'atteindre les objectifs stricts fixés par l'Union européenne en matière de réduction de gaz à effet de serre d'ici 2030. Le fret et le transport de voyageurs ne sont toutefois pas dans des situations similaires.

Le fret ferroviaire perd chaque année davantage de vitesse et s'approche dangereusement du ravin. Cet effondrement s'explique par de multiples facteurs. D'abord la libéralisation, qui a aggravé la situation et qui n'a pas été suivie d'effets, comme des investissements massifs dans le réseau. Ce sous-investissement chronique engendre un vieillissement des axes et des infrastructures, ne permettant pas de répondre aux critères de qualité de service, ni d'améliorer la régularité. Il cause également un report modal important vers la route : le transport de marchandises est plus pratique, le fret ne répondant pas aux nouvelles logiques de consommation et ne disposant pas et plus de suffisamment de plateformes multimodales connectées aux grandes zones industrielles, aux entrepôts, aux entreprises, aux ports. Enfin, la concurrence déloyale de la route accentue encore davantage le report modal. Le gouvernement et l'Union européenne se sont fixés un objectif de doublement de la part modale du fret sans y mettre les moyens suffisants. La réforme évoquée en 2023, si elle est mise en œuvre, sera un désastre pour ce secteur et l'entreprise Fret SNCF ne s'en relèvera pas.

Le transport de voyageurs commence à voir s'installer la concurrence progressivement, principalement sur le réseau national. On observe toutefois une difficulté importante pour les nouveaux entrants à s'insérer sur le marché du fait des coûts d'entrée très importants. De plus, le gouvernement crée des conditions artificielles à la concurrence, en réduisant les péages ferroviaires acquittés par les nouveaux entrants, ce dont ne bénéficiera pas la SNCF.

Le transport de voyageurs partage une problématique avec le fret puisqu'ils roulent majoritairement sur le même réseau. Ces deux secteurs sont impactés par le sous-investissement de ces dernières décennies, engendrant un vieillissement important des voies et infrastructures. Il faut investir massivement dans la rénovation des réseaux existants et dans la création de nouvelles infrastructures pour mieux desservir les territoires et augmenter les dessertes. Ce sont les deux plus grandes priorités.

Enfin, le train n'est pas partout une alternative à la voiture individuelle car les territoires ne sont pas suffisamment dotés en infrastructures ferroviaires et en transports en commun. Bien que la fréquentation des trains augmente du fait d'une prise de conscience écologique des citoyens, les prix restent un frein important. Le système de tarification et les offres de la SNCF devraient évoluer pour rendre accessible au plus grand nombre l'achat de billets de train pour les déplacements du quotidien et les vacances. L'offre Ouigo est un vrai atout : avec un réseau de plus en plus dense, des prix réellement attractifs et une exportation progressive à l'étranger qui permettra de réaliser des trajets intra-européens, comme entre la France et l'Espagne. Pour sortir d'une vision du « tout-voiture », le développement du transport ferroviaire, en complément des autres modes de transport, est une priorité. L'utilisation de la voiture individuelle reste encore trop importante et les citoyens en sont trop dépendants. Mais nous ne pouvons pas condamner ce mode de transport sans offrir une réelle alternative aux citoyens. Aujourd'hui, de nombreuses communes ne sont pas desservies par le train ni par aucun moyen de transport en commun viable. La voiture reste l'unique solution et devient ainsi un goulot d'étranglement de plus en plus important du fait de l'augmentation de son coût (assurance, essence, etc.). La puissance publique doit se saisir de ce sujet et mener une réelle politique autour des transports et de l'aménagement des territoires. Les initiatives autour des RER métropolitains sont une bonne chose, mais doivent être accompagnées de réels investissements et ne pas reposer uniquement sur le financement des régions.

Un autre sujet de préoccupation, en lien avec la desserte des territoires, est celui des petites lignes. Elles sont essentielles mais sous-utilisées et, surtout, en dégradation constante. Elles sont aujourd'hui sous perfusion des régions et de l'État. Mais pour combien de temps ? Il faut cesser d'être passif et élaborer une réelle stratégie de développement et d'augmentation de la fréquentation. Le transport ferroviaire pourrait avoir un impact fort sur le désenclavement des territoires, être un facilitateur des mobilités, dans un monde où les flux ne vont faire que s'accentuer. En ce sens, les nouvelles expérimentations et innovations de la SNCF, pour réduire les coûts tout en garantissant l'offre dans les territoires, sont des espoirs pour l'avenir.

L'Union européenne peut être un réel atout pour développer le réseau fret comme voyageurs à son échelle géographique et pour l'intermodalité européenne. Elle conduit de nombreuses réformes, depuis plusieurs décennies, qui ont du sens : par exemple, la création du réseau RTE-T[1] (réseau transeuropéen de transport) ou encore la mise en place du système ERTMS[2] (système européen de gestion du trafic ferroviaire). Ces politiques

1 Il s'agit d'un programme de l'Union européenne dont l'objectif est de relier les réseaux de transport des États-membres entre eux.

2 L'ERTMS a pour objectif d'harmoniser les systèmes de signalisation et de circulation ferroviaire des États-membres.

ne doivent toutefois pas occulter le besoin d'investir massivement dans les petites lignes du territoire au profit des LGV.

D'autres solutions s'offrent à nous. Face au libéralisme à toute épreuve, nous devons faire preuve de pragmatisme et penser de nouvelles réformes ambitieuses au risque de voir le secteur ferroviaire s'effondrer. Pour répondre aux grands enjeux de notre temps : la transition écologique, le désenclavement des territoires, la réduction du coût des transports pour les foyers, ou encore le respect du droit aux vacances et à l'accès aux mobilités. La France et l'Union européenne doivent changer de cap. Des solutions existent : coûteuses oui, mais ce sont des investissements à amortir sur le long terme et qui seront suivis d'effets considérables pour la collectivité en matière écologique. Ce livre propose de nombreuses solutions, qui sont à notre portée : il ne reste plus qu'à.

Propositions

Proposition 1 : investir massivement dans la rénovation du réseau ferroviaire (fret et voyageurs).

Proposition 2 : identifier les rénovations prioritaires sur les axes ferroviaires et établir une réelle stratégie de rénovation des infrastructures existantes sur une décennie.

Proposition 3 : développer des projets ferroviaires permettant de désengorger les grands nœuds (principalement autour de Marseille/Paris/Lyon) et ainsi enrichir l'offre de transports.

Proposition 4 : investir massivement dans la construction de nouvelles lignes et de nouvelles infrastructures pour dynamiser l'offre fret (gares de triage/ITE, etc.).

Proposition 5 : développer les offres intermodales au niveau régional et au niveau national, pour les trajets de type « vacances » et domicile-travail.

Proposition 6 : développer les infrastructures permettant de favoriser l'intermodalité. Que ce soit pour le transport de voyageurs avec l'inclusion des transports doux, et pour le transport de marchandises avec la création de plateformes permettant de connecter fluvial, routier et ferroviaire.

Proposition 7 : mettre fin à la concurrence déloyale de la route, en changeant le mode de taxation actuel, en remplaçant la TICPE par une écotaxe, permettant à la route de payer à la société ses externalités négatives, en matière écologique.

Proposition 8 : durcir les conditions de circulation des poids lourds en France, en prenant exemple sur les autres pays européens : restreindre les horaires de circulation, réduire la vitesse maximum autorisée.

Proposition 9 : obliger certaines marchandises d'ordre stratégique ou répondant à des besoins sociaux essentiels (ex. alimentaire, marchandises non-périssables) à être transportées par train. Pour être applicable, cette proposition nécessite une rénovation du réseau et la création de nouvelles infrastructures.

Proposition 10 : penser la politique de réindustrialisation de la France, en lien avec le fret ferroviaire.

Proposition 11 : utiliser le numérique et l'intelligence artificielle pour améliorer la qualité de service et la maintenance.

Proposition 12 : poursuivre les investissements dans l'innovation ferroviaire pour affiner les technologies, permettant de réduire la consommation d'énergie, les émissions de gaz à effet de serre, tout en répondant aux besoins de la population.

Table des matières

Partie II. La baisse drastique des déplacements en train avec l'avènement du transport routier • 37

Partie III. La lente et douloureuse agonie du fret • 55

Composition : Le Bord de L'eau éditions

Cet ouvrage a été achevé d'imprimer en septembre 2024
pour le compte des éditions Le Bord de L'eau
par Présence graphique (37260 Monts).

Dépôt légal : Octobre 2024 - N° d'impression : 1024714-02

Imprimé en France